Gertrud Orff
Schlüsselbegriffe der Orff-Musiktherapie

Gertrud Orff

# Schlüsselbegriffe der Orff-Musiktherapie

Darstellung und Beispiele

2., überarbeitete Auflage

Psychologie Verlags Union
München 1990

## Literaturverzeichnis

Bettelheim, B.: Die Geburt des Selbst (The Empty Fortress). München 1977.
Burkhardt, C. J.: Briefwechsel mit Rychner.
Buytendijk, F. J. J.: Zur Phänomenologie der Begegnung. Eranos Jahrbuch 1950. Zürich.
Cage, J.: Silence, Lectures and writings. Cambridge, Massachusetts 1961.
Camus, A.: Noces. Gallimard 1950.
Craig, W.: Appetites and Adversions as Constituents of Instinct. Biol. Bull. 34, 1918.
Flitner, A.: Das Kinderspiel. München 1976.
Heidegger, M.: Sein und Zeit. Tübingen 1949.
Huizinga, J.: Homo ludens. München 1939.
Kluge, F.: Etymologisches Wörterbuch der deutschen Sprache. Berlin und Leipzig 1921.
McLuhan, M.: Understanding Media. New York 1964.
Neumann, E.: Kunst und Zeit. Eranos Jahrbuch 1951. Zürich.
Novalis: Fragmente. Berlin 1945.
Piaget, J.: Gesammelte Werke. Stuttgart 1975.
Platon: Sämtliche Werke. Berlin o. J. (Verlag Lambert Schneider).
Portmann, A.: Die Zeit im Leben der Organismen. Eranos Jahrbuch 1951. Zürich.
Portmann, A.: Das Spiel als gestaltete Zeit. München 1976.
Saint-Exupéry, A.: Flug nach Arras (Lettre á un Otage). Reinbek o. J.
Saint-Exupéry, A.: Die Stadt in der Wüste. Sonderausgabe. Düsseldorf 1969.
Spitz, R.: Vom Dialog. Stuttgart 1976.

CIP-Titelaufnahme der Deutschen Bibliothek

**Orff, Gertrud:**
Schlüsselbegriffe der Orff-Musiktherapie: Darstellung und
Beispiele / Gertrud Orff. – 2., überarb. Aufl. - München :
Psychologie-Verl.-Union, 1990
  ISBN 3-621-27110-4

1. Auflage 1984, Beltz-Verlag, Weinheim
2. Auflage 1990, Psychologie Verlags Union, München

Gesamtherstellung: Ludwig Auer GmbH, Donauwörth
Umschlaggestaltung: Dieter Vollendorf, München
Umschlagabbildung: Isolde Ohlbaum, München
Grafiken im Innenteil: Peter Schimmel
Printed in Germany
© 1990 Psychologie Verlags Union

ISBN 3-621-27110-4

# Inhaltsverzeichnis

# Einleitung

Das vorliegende Buch enthält 77 Begriffe, die sich im Laufe meiner mehr als zehnjährigen Praxis in Musiktherapie als wesentliche Stützen erwiesen haben:

- zur Einordnung eines Kindes = seiner Diagnose,
- zur Weiterentwicklung seiner offenbaren Fähigkeiten = seiner Prognose,
- zum Abbau seiner auffälligen Symptome = seiner Therapie.

Die Erklärungen der Begriffe sind durchwegs vom therapeutischen Anliegen her zu verstehen.

Die Schlüsselbegriffe wenden sich an Therapeuten, Pädagogen, Psychologen, Ärzte u. a.

Im Beginn meiner musiktherapeutischen Arbeit erfuhr ich zwei Begriffe schlüsselartig: den Begriff ‚initiativ‘, den Begriff ‚imitativ‘: wie verhält sich dieses Kind, mehr zur initiativen Seite hin, oder mehr zur imitativen? Ein nächster Schlüsselbegriff war dann ‚Emotion‘: ist sie beim Kind vorhanden, ist sie zu viel oder zu wenig vorhanden? Weiter: hat ein Kind Aggressionen und warum hat es sie, warum hat es die Stereotypien? Mit solchen Begriffen suchte ich dem Kind näher zu kommen, indem ich es auch objektiv erfaßte. Die Begriffe in scheinbar loser Folge entwickelten sich im Schreiben, einer aus dem anderen. Die Oberbegriffe Wahrnehmung, Provokation, Gestalt usw. ergaben sich innerhalb dieser Folge als ‚signum‘. Sie erscheinen als große Perlen an einer Kette, die auch einmal anders gefaßt sein könnte.

Zum Wort Schlüssel: ein Schlüssel steht nicht allein, ein Schlüssel bedingt ein Schloß, seine Funktion ist, zu öffnen oder zu verschließen.

‚Schlüssel‘ kommt immer wieder in Versen vor: . . . verloren ist das sluezzelin . . ., I haven't got the key . . .

Je vais à la noce
ma clef dans ma poche,
ma poche est percée,
j'ai perdu ma clef.

Lock the dairy door,
lock the dairy door,
chickle, chakle chee,
I haven't got the key.

Das Schloß ist etwas Zuständliches, es steht, der Schlüssel ist das Bewegliche, man trägt ihn mit sich, man sperrt auf und nimmt ihn wieder an sich. In den seltensten Fällen sind Schlüssel und Schloß beieinander, obwohl sie füreinander gemacht sind. Es gibt viele Schlüssel, aber nur einen für dieses Schloß, er ist für dieses Schloß gemacht.

Ein vom Kind während der Therapiestunde eingebrachtes Wort kann zu einem hingeworfenen „Schlüssel" werden, der Therapeut sollte ihn nehmen! So schloß der erste geflüsterte, aber doch verständliche Satz der 4jährigen, blinden Antonia für diese Stunde unerwartete Begegnungs- und Erlebnisräume auf. Der Therapeut hatte den Schlüssel wahrgenommen und ergriffen, es wurde eine Kette von Schlüsseln daraus! „des is a Teppichboden."

Ein therapiebedürftiges Kind setzt sich aus einem Komplex von Eigenschaften zusammen. Die Auffälligkeit und Behinderung tritt auch nicht immer rein und ungemischt auf.

Vielleicht können Sie als Leser in dem einen oder anderen beschriebenen Kind ein Kind wiedererkennen, das Sie selbst therapiert haben oder therapieren. Ich fühle mich glücklich als Therapeut und wie Novalis sagt: „Wo Kinder sind, da ist ein goldenes Zeitalter."

Gertrud Orff

*Alle gebrachten Beispiele sind aus der musiktherapeutischen Behandlung am Kinderzentrum München, geleitet von Prof. Dr. Dr. h. c. Theodor Hellbrügge. Ihm danke ich für die Möglichkeit dieser faszinierenden Arbeit an seinem Institut\*.*

---

* Im Text wird des öfteren verwiesen auf das Buch „Die Orff-Musiktherapie" (abgekürzt: OMT), erschienen 1974 bei Kindler und 1985, ungekürzt übernommen, bei Fischer Taschenbuch-Verlag. Dort findet sich eine detaillierte Beschreibung der Arbeit (mit Fotos).

# I. Wahrnehmung

## 1

**Wahrnehmung**, das Erfassen von „Wirklichkeit", von Geschehen, von Dingen um einen. Perzeption und Wahrnehmung werden gleichwertig gebraucht. Obwohl sie vom Wort her verschiedenes aussagen: Per-zeption = durch (und durch) erfassen, durchdringen — ein eher aktiver Vorgang.

Wahrnehmung = offen sein für das sich Offenbarende, aufnehmen, ein mehr rezeptiver Vorgang.

*Wahrnehmung äußert sich in Zuwendung, Hinwendung, in einer sogenannten Adversivbewegung* (adversus = gegen jemanden). Diese muß therapeutisch erreicht werden.

*Erkennen heißt nicht zerlegen, auch nicht erklären. Es heißt, Zugang zur Schau finden. Aber um zu schauen, muß man erst teilnehmen.*

*Antoine de Saint-Exupéry.*

### Musiktherapeutische Sicht:

Die Wahrnehmung ist die conditio sine qua non in der Therapie, ohne sie geht nichts. Wir unterscheiden eine akustische, eine taktile, eine optische, eine soziale Wahrnehmung, die beim therapiebedürftigen Kind unterschiedlich ausgeprägt sein kann. Es gibt therapiebedürftige Kinder mit einer normalen Wahrnehmungsfähigkeit; die Schwierigkeiten liegen dann im Verhalten, in der Konzentration, in der sozialen Bereitschaft. Es gibt visuelle Wahrnehmungsausfälle von hohem Ausmaß, bei intaktem Sehvermögen, insbesondere bei schwerer Deprivation. Der Blickwinkel der optischen Wahrnehmung (normal je nachdem auch 120° überschreitend) kann dann bis auf ca. 20° eingeschränkt sein. Nur das, was direkt vor einem liegt („vor der Nase"), kann aufgenommen werden, auch nichts außerhalb von halbausgestreckten Armen. Hier hört die Welt auf.

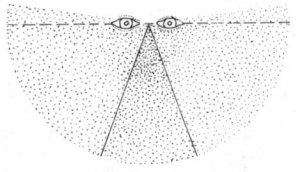

Wir können via akustischer Wahrnehmung das Gesichtsfeld erweitern. Das Kind hat uns durch ein Aufleuchten seines Blickes, seiner Mimik gezeigt, daß es einen Ton aufgenommen hat. Sagen wir den Ton eines großen Beckens, vor ihm angeschlagen. Der Klang sollte angenehm resonant sein, sollte nicht überrumpeln, sollte Faszination bewirken. Dieser Klang, wiederholt angeschlagen, kann nun leicht nach links, nach rechts gedreht werden, die Augen des Kindes werden ihn verfolgen. Nach oben und hinter dem Kind angeschlagen, wird er ein Heben, ein Neigen des Kopfes, vielleicht ein Umdrehen des Kopfes und des Körpers bewirken. Ein akustisches Mittel hat im besonderen die Wirkung der Adversivbewegung. Deshalb geschehen, bei richtig

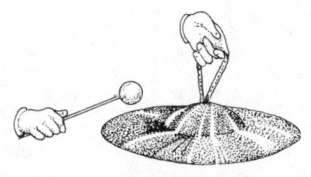

dosierter Anwendung, hier Durchbrüche bei schweren Fällen von Wahrnehmungsstörung.

Es besteht ein enger Kontakt zwischen Wahrnehmung und (äußerer wie innerer) Bewegung. Wahrnehmung, Bewegung und Emotion bedingen sich gegenseitig, rufen sich gegenseitig hervor.

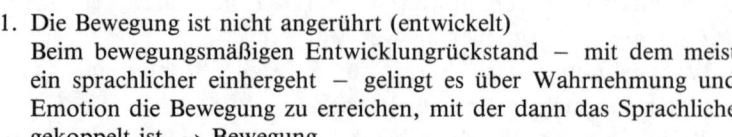

Bildlich können wir diesen Vorgang in einem Dreieck darstellen, mit den Eckbegriffen Wahrnehmung, Bewegung, Emotion. Wird nun einer dieser Zustände angerührt, so leitet er, wie in einem Stromkreis, die Impulse weiter. Wichtig, daß es zu „Induktion" kommt, die in unserer Therapie das Akustische bewirken soll. Ist die Leitung einmal berührt, besteht die Möglichkeit der wechselseitigen Animation. Es bestehen drei Möglichkeiten der vorläufig unerreichten ‚Spitze':

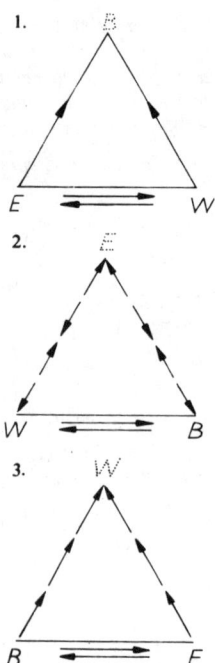

1. Die Bewegung ist nicht angerührt (entwickelt)
   Beim bewegungsmäßigen Entwicklungrückstand – mit dem meist ein sprachlicher einhergeht – gelingt es über Wahrnehmung und Emotion die Bewegung zu erreichen, mit der dann das Sprachliche gekoppelt ist. → Bewegung
2. Die Emotion ist noch nicht angerührt (entwickelt)
   Bei der Deprivation, wie bei Mutismus und Autismus sind meist Bewegung und Wahrnehmung vorhanden, doch reichen sie nicht aus, den Komplex Emotion zu erreichen. Wahrnehmung und Bewegung fallen immer wieder in die statische Basislinie zurück, ohne die dynamische Spitze erreicht zu haben. → Emotion
3. Echte Wahrnehmung fehlt
   Tritt auf bei schwerer geistiger Behinderung. Relative Bewegungsfähigkeit wie auch emotionale Tangierbarkeit sind vorhanden, werden aber nicht mit der Wahrnehmung integriert. Es fehlt das Zielgerichtete in der Bewegung. Besonders auffallend wird dies beim Erethismus: dauernde zielungerichtete Bewegungen aus einer Überreizung der Bewegungsfunktionen.

Bei Wahrnehmungsabwehr, wie sie bei Autismus vorkommt, wird wohl optisch oder akustisch wahrgenommen, oft schneller, als vom Therapeuten erwartet, daher oft übersehen – die Wahrnehmungsluke wird jedoch sofort wieder „dicht" gemacht. Man entzieht sich jeder weiteren Aufforderung. Wiederholungen sind sinnlos und verstärken die Abwehr. Überraschungen durch den Therapeuten sind die einzigen Einstiegsmöglichkeiten: wenn auch nicht immer prompte Reaktion vom Kind darauf, geben sie dem Therapeuten doch bei genügend guter Beobachtung die diagnostische Sicherheit: Wahrnehmung da, aber Zuwendung verweigert.

Der Therapeut steht unter der gleichen Forderung, seine Wahrnehmungsfähigkeit zu entwickeln. Er muß genau beobachten und sich schulen, Aufgenommenes bis zur schriftlichen Fixierung zu behalten. Hilfen können Tonband und Videoaufzeichnungen sein, diese Hilfen sind aber nicht immer vorhanden. Es ist auch nicht ratsam, sie immer einzusetzen. *Es ist eine wohlwollende Aufmerksamkeit in jedem Moment des Therapiezusammenseins vom Therapeuten gefordert.*

## 2

**Mimik**, der sich in den Mienen äußernde innere Zustand. Mimik dringt von innen nach außen, äußert so sichtbar einen Gemütszustand. Man kann seine Mimik unter Kontrolle haben, aber schwer eine andere, entgegengesetzte Mimik zur Schau tragen, als dem Inneren zumute ist.

**Musiktherapeutische Sicht:**

*Die Mimik wird zum Schlüssel in der Therapie.* Sie gibt einen Anhaltspunkt da, wo Sprache fehlt oder verweigert wird. Mimik zu verweigern beherrscht vor allem der Autist.

## 3

**Blickkontakt**, ein bewußtes, direktes Sich-in-die-Augenschauen zweier Personen. Nonverbaler Ausdruck von Bestätigung, Frage, Übereinstimmung. Von flüchtig bis tief möglich.

**Musiktherapeutische Sicht:**

Blickkontakt ist ein wichtiges Moment in der Therapie: ist er vorhanden?, ergibt er sich selbstverständlich?, wird er vom Kind gesucht?, wird er verweigert?, wird er gar als ausschließliche Aktivität vom Kind eingesetzt? (ein Kind hängt sich an die Augen des Therapeuten und tut sonst nichts).

Es bedarf einer gewissen Kraft, einem Blick standzuhalten. Es geschieht ja hier ein Austausch von Strömungen. Dies ist u. U. einem Kind zu viel, es wagt den Blickkontakt nicht. Vollkommen falsch, ihn ‚herbeizuführen‘. Er wird sich einstellen, wenn das Kind dazu bereit sein kann.

Peripher ‚sieht‘ der Therapeut schon, daß das Kind ihn anschaut, er wird u. U. den Blick nicht gleich erwidern. So kann sich im Kind das Anschauenwollen festigen.

Blinde Kinder haben ihre Weise des ‚Blickkontaktes‘: in der Echolalie. Sie wiederholen Gesagtes, sie wollen selbst wiederholt werden, aus dem Bedürfnis der Bestätigung. Oft werden in dieser Weise echolalierende Kinder schlecht diagnostiziert, bzw. schlecht auf ihre mentalen Fähigkeiten prognostiziert. Diese anfänglich notwendige, später fast spielerisch eingesetzte Echolalie eines blinden Kindes wendet sich überraschend in die Fähigkeit der direkten Rede und Gegenrede.

## 4

**Emotion,** Gefühlslage, Erregungs- und Bewegungslage. Ein von außen in das vegetative System eindringender Impuls verändert die latente Gefühlslage, steigert sie oder mindert sie.

*Die menschliche Emotion ist ein Modus der Existenz.*

*F. J. J. Buytendijk*

**Musiktherapeutische Sicht:**

*Nur im Zustand der angerührten Emotion kann wirksam thera- piert werden,* diesen Zustand zu bewirken, ist therapeutisches Anliegen. Die Beobachtung des Therapeuten hilft der Dosie- rung des einzusetzenden Mittels. Die Emotionslage wird ange- rührt durch Töne, durch Rhythmen, durch Worte, durch Ge- sten. Dank der Flexibilität der Emotionslage ist ein therapeuti- scher Eingriff möglich und wirksam. Die Emotionslage eines Kindes kann gesteigert, irritiert oder geblockt sein, sie wird entsprechend angegangen. Grundsätzlich bewirkt Musik eine Steigerung der Emotion. Wo diese nicht gewünscht ist, bei star- ker geistiger Behinderung, z. B., kann im musiktherapeutischen Vorgehen der multisensorische Einsatz dosierend helfen.

ANDREAS

## 5

**Faszination,** ein Zustand von „stark-beeindrucktem" Dabeisein, durch ein bewußt-unbewußtes therapeutisches Operativum er- reicht. Faszination erweitert *und* konzentriert den Gesichts- kreis, sie steigert, verdichtet, öffnet. Faszination bewirkt affekti- ves Verhalten. *Durch die Offenlegung des emotionalen Zustan- des ergibt sich ein therapeutischer Wegweiser.*

**Musiktherapeutische Sicht:**

Ein Rhythmus, ein Vers, eine Melodie ist an sich eine verdich- tete Faszination. Sie sollten vom Therapeuten impulsgeladen, aber ohne Übertreibung, eingebracht werden: das Kind hört zu, schaut zu, wird hereingenommen in einen Prozess. *Durch Faszi- nation wird ein Kind gehalten.* Dieser Vorgang muß natürlich bleiben, jede angestrengte Darstellung ist übertrieben und wäre anti-therapeutisch. Die Faszination bewirkt beim Kind den Zu- stand des „als-ob", von Innesein, von Spiel, Vorstellung. Imagi- nation ergibt sich durch Faszination, die als Funke vom Thera- peuten eingebracht, sich dann als natürlicher Zustand verbreiten kann. ef. Nr. 76

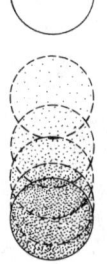

## 6

**Elevation,** ein Zustand der „Erhöhung", gesteigerte Faszina- tion. Sozusagen vom statischen Zustand der Faszination in die Dynamik der Elevation erhoben. Tritt auf bei intensivem Spiel, bringt „weg von sich, zu etwas hin", ist in der Gruppe sozial ver- bindend. Als therapeutischer Faktor wirksam, jedoch leicht irri- tierbar durch Störanfälle von innen und außen, dadurch auch gefährlich.

## 7

**Imitation,** Nachahmung, wird in der musikalischen Erziehung gefördert: genau gleich nachsingen, genau gleich nachspielen, im gleichen Sinn musikalisch antworten usw. Da Musik vom Prinzip Wiederholung lebt, ist hier die Imitation organisch. Eine gute Interpretation ist mehr als nur Imitation.

**Musiktherapeutische Sicht:**

Es darf nie zu einem Imitationstraining kommen, da dies den initiativen Funken zertreten kann. *Imitation sollte ein aktiver Vorgang sein, der wie ein Spiel begriffen wird.* Vorangehen sollte, (wenn dies möglich ist und die Behinderung dies noch zuläßt, d. h. daß das Kind sich noch selbst äußern kann), daß der Therapeut etwas von den Äußerungen des Kindes wiederholt, dem Kind widerspiegelt und es ihm dadurch bewußt macht. Auch seine Stereotypien. Imitationsübungen sollten gegenseitig gemacht werden, sie sollten eine Dynamik haben, sollten Freude – aus der Erregung „ich versteh's" – sein. Kleine verstandene Imitationswiederholungen sind beim schwer geistig- behinderten Kind wertvoller, als eingelernte längere Passagen.

## 8

**Sekundäre Imitation,** ein Begriff, der in der OMT gebildet wurde nach der originalen Bedeutung des lateinischen „imitari". In der 1. Bedeutung heißt es nachahmen, so wie wir es normal verstehen, in der 2. Bedeutung heißt es „etwas noch nicht Dagewesenes darstellen", also ‚etwas offenbar machen', ‚an den Tag legen'. Aufgegangener Same sozusagen. Langzeitimitation.

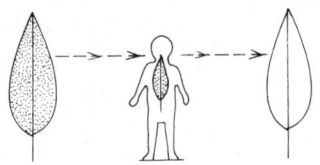

**Musiktherapeutische Sicht:**

Hat ein Kind etwas oft und oft gehört, vielleicht auch imitiert, so fällt dieses nach innen, wird einverleibt, innerlich gehütet und genährt und eines Tages, wie neu und unerwartet wieder gebracht. So wächst auch Sprache und sie wird nicht gelernt durch dauernde Wiederholungen, sondern durch dauernde Zufuhr sprachlichen Reichtums. Natürlich soll der Therapeut wiederholen, im Sinne des Nährens aber nicht im Sinne der Forderung: ‚tu es mir gleich nach'. → Zeit, Geduld, Therapeut, Vertrauen.

## 9

**Impuls,** Wort vom Klang und Rhythmus her selbst „impulsierend". Ein Impuls ist ein „Zünder", ein „Feuerbringer", der etwas schafft, was vorher nicht war. Ein Impuls wird jeweils neu geboren, Leben und Bewegung hängt an Impulsen, die selbst immateriell, sich im Materiellen manifestieren.

**Musiktherapeutische Sicht:**

Der Impuls ist in der Therapie das wichtigste Agens. Es ist oft nicht vorherzusehen, welcher Impuls eine Bewegung, einen Klang, einen Gedanken, einen Blick, einen Seufzer bewirken kann. Man kann gezielte Impulse geben, wenn man erfahren hat, daß dieser oder jener Impuls da und dort das oder das bewirkte, in der Hoffnung, daß er wieder zünde. Oft ist der vom Therapeuten beim Kind ausgelöste Impuls selbst wieder in diesem Moment Impuls für den Therapeuten. *So entstehen Impulse aus dem gegenseitigen Zusammensein, entzünden sich daran.* Ein Impuls entsteht oft aus einer gut dosierten Provokation.

Wörtlich kommt Impuls vom lateinischen impello, etwas anschlagen, dadurch berühren. Unsere Instrumente (Xylofone und andere Stabspiele, Pauken, Becken usw.) werden angeschlagen, kommen in Resonanz. Der, der angeschlagen hat, kommt seinerseits, v.v. auch in Resonanz, er wird durch das Berührte berührt. Kettenreaktion! Deshalb ist es so wichtig, daß der erste Schlag gegen ein Instrument vom Impuls des Kindes kommt. Spürt man bei einem Kind, das zur eigenen Bewegung unfähig ist, die Lust, auch anspielen zu wollen, in einem solchen Fall führt der Therapeut den Impuls des Kindes aus, indem er mit ihm, für ihn, den Klöppel hält und anspielt.

# 10

**Wiederholung**, sie fördert den Lernprozeß, auch die Geduld, die Aufnahmebereitschaft, die dazu nötig ist. Die Konstruktion der Musik beruht zum großen Teil auf dem Wiederholungsprinzip. Ein Liedbeispiel:

1. Es war eine Mutter, die hatte vier Kinder, den Frühling, den Sommer, den Herbst und den Winter.
2. Der Frühling bringt Blumen, der Sommer den Klee, der Herbst der bringt Trauben, der Winter den Schnee.

Die beiden Halbteile haben exakt die gleiche Melodie, der Rhythmus ist durchgehend in gleichmäßigen Vierteln. Gliederung gibt die textliche Aussage, wie die Intervalle der Melodie, ohne diese wären die gleichmäßigen Viertel wie eine durchlaufende Ostinatofigur.

**Musiktherapeutische Sicht:**

Die Ökonomie musikalischer Strukturen − je besser eine Melodie, desto ökonomischer ist sie − gibt Raum für emotionales Erleben. Man kennt die Melodie, („sie geht ins Ohr"), man wiederholt die Strophen, man ist in aktiver Betätigung, ohne Anstrengung! Frei zum Ausdruck, frei zum Beobachten. Unangestrengtes Zusammensein, obwohl in Spannung (jede Emotion ist ˙Spannung) entspannt, da kein Leistungsdruck. Dies ist auch der Grund, warum Stotterer beim Singen nicht stottern.

Der Reim in dem vorgenannten Lied ˙je einmal in der 1. wie 2. Strophe, Kinder − Winter, Klee − Schnee, ist eine Gedächtnisleine und hilft wieder zum entspannten Zustand.

Ebenso gibt ein Rondo (das „Thema" für alle = tutti, die Zwischenteile für einen Einzelnen = solo) die Möglichkeit von natürlichen Wiederholungen.

*Paradox: Die Struktur einer Melodie erlaubt zwangloses Verhalten ähnlich dem unstrukturierten Verhalten.*

# 11

**Dosis,** wörtlich die Gabe, etwas in einer gewissen Menge geben.

**Musiktherapeutische Sicht:**

Es ist sehr entscheidend, im rechten Moment gerade soviel anzubieten, wie es jetzt und für dieses Kind, oder diese Gruppe notwendig ist, um zu stimulieren, einen Zustand aufzubauen oder zu erhalten. Wichtig, die rechte Dosis zu finden in der Provokation, in der Zurechtweisung, in der Zuwendung, in der manchmal notwendigen Ignorierung. *Die Substanz der „Dosis" entscheidet sich nach dem → ISO.* Der Therapeut wird den Grad der richtigen Dosis immer sicherer treffen, je mehr er sich die Reaktionen seines Einflusses, seiner „Gaben", bewußt macht.

# 12

**Gedächtnis,** es ist umso plastischer, je mehr es aus dem Erleben gebildet ist. Musik hilft dem Gedächtnis: 1. durch ihren Erlebnisgehalt, 2. durch die Möglichkeit von nicht ermüdenden Wiederholungen. Durch dynamische Veränderung in der Wiederholung (lauter, leiser, einer allein, alle usw.) wird jeweils Neues zum gewohnten Gleichen gebracht, durch mögliche kleine formale Veränderungen (Variationen) das Gleiche neu interessant. Die Aufmerksamkeitsspanne, zur Gedächtnisbildung notwendig, crescendiert, d. h. sie nimmt zu, ein Phänomen, das nur in Spannung möglich ist.

**Musiktherapeutische Sicht:**

Da das Gedächtnis wirksam vom Erlebnis wächst und gedeiht, ist die erste Konfrontation die bedeutendste. Sie muß anspringen und dieser Impuls muß „faßbar" sein. Zur Einordnung in den Gedächtsnisraum ist oft ein Wort entscheidend. Mit einem Wort, das einem Erlebnis entspringt, sei es vom Therapeuten, sei es vom Kind, wird ein Erlebnisgehalt gespeichert. Mit diesem Wort ist es wieder abrufbar und der gesamte Zustand kann wieder erstehen. Mit diesem (Zauber)Wort berührt man weite Räume im Gedächtnisbehälter.

*In der Kindertherapie ist also eine nonverbale Verständigung auf die Dauer im Erlebnisgehalt decrescendierend* (abnehmend), wenn nicht ganz absterbend. Das Wort, der Begriff elektrisiert.

# II. Provokation

## 13

**Provokation,** ein wichtiges therapeutisches Mittel, im Sinne des Wortes soll sie „hervorrufen" und nicht verschrecken. Sie soll einen Reiz darstellen, der interessiert, die Fassungskapazität etwas erweitert und dadurch anreichert. Wenn ein Reiz angenommen ist, wird er angenehm und verflacht mit der Zeit. Ein neuer Reiz provoziert, im angreiferischen Sinne, bewirkt aber neue Kapazität. *Jeder Wachstumsprozeß hängt mit Provokation zusammen.* Wenn sie richtig ist, fördert sie die Wachstumspotenz von innen nach außen, macht sie sichtbar.

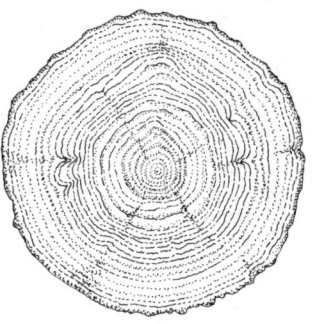

**Musiktherapeutische Sicht:**

Man sollte nicht Provokation einsetzen, wenn Wahrnehmung, Impuls vorhanden ist. Provokation stört dann den Ablauf, ist negativ provozierend. Provokation ist notwendig zur Erweiterung eines bereits gut eingespielten Ablaufs.

## 14

**Reiz,** ein Eingriff auf eine (abgeschlossene) Fläche, z. B. Reiz auf der Haut. Etymologisch ähnlich wie ‚heizen', ‚beizen'. Vom Klang her angreifend durch den Konsonanten „z". Wörtlich bedeutet es ‚reißen machen, so, daß einer aus sich heraustritt'.

*Vergl. Etymologisches Wörterbuch der deutschen Sprache (Friedrich Kluge).*

**Musiktherapeutische Sicht:**

Wir können reizen durch Klang, wenn die akustische Wahrnehmung dies zuläßt, auch optischer Reiz oder Situationsreiz im Sinne des multisensorischen Angebots ist möglich. Die Umgebung sollte reizvoll sein. Überreichertes reizt nicht mehr. Die Dosis macht den Reiz, neben der Qualität.

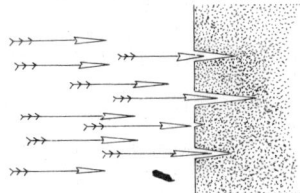

*Keine Bewegung ohne Sollizitation.*

*Novalis*

## 15

**Reizschwelle,** ein neurophysiologischer Begriff, ein im Gehirn, wie im peripheren Nervensystem wirksames Prinzip, die dem Reiz Eingang verschafft; bewirkt ein Reiz eine elektrische Potentialänderung einer Nervenmembran über einen bestimmten Schwellenwert hinaus, so wird die Erregung weitergeleitet. So fungiert dieses Prinzip weiterführend, wie auch abschirmend, und sollte im entsprechenden Sinn therapeutisch tangiert werden.

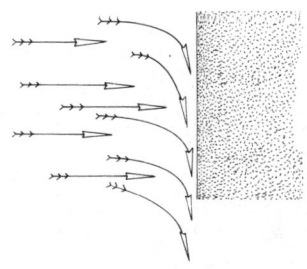

### Musiktherapeutische Sicht:

Mit therapeutischem Gespür muß man die Reizschwelle angehen, damit der Reiz eingelassen wird. Es wäre naiv zu glauben, ein Reiz in großer Lautstärke würde eher angenommen als ein leiser und daß man es generell mit „Musik" leicht habe. Ein Kind kann sich hier genauso verschließen, wie gegenüber anderen Reizen.

## 16

**Spannung**, in Spannung sein, ist ein außerordentlicher Zustand, dem eine Entspannung folgt. Es stellt sich wieder ein „ebener" Zustand ein, der wieder nach oben, nach unten ausschlagen kann, → Elevation.

### Musiktherapeutische Sicht:

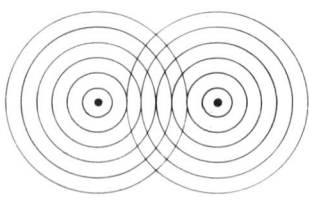

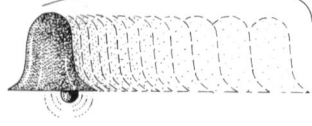

In der musiktherapeutischen Behandlung sollte sich ein Spannungszustand einstellen. Möglich ist eine Spannung zum Objekt (Instrument), zum Geschehen und zu den anderen. Im Wort Beziehung liegt ja auch die Spannung; spannen, ziehen ist ein Akt einer gewissen Anstrengung. Im Spannungszustand sind die Sinne offen, das wache Bewußtsein nimmt auf. Es ist schwer, einen idealen Spannungszustand herzustellen, der weder verspannt, überspannt ist, noch zu schnell lasch wird. Spannung ist ein Zustand zwischen zwei Polen, sie ist sozusagen die geistige Motorik. Im ausgewogenen Zustand unterstützt sie auch die Motorik.

Wenn ich einen Ton erzeuge, habe ich antizipatorisch den Wunsch dies zu tun. Dies bedeutet die erste Spannung gegenüber dem Objekt. Habe ich ihn zum Klingen gebracht, besteht nun eine Spannung zwischen dem Ton und mir, in diesem zweiten Spannungsmoment bin ich Zuhörer. Dies wird besonders auffällig bei langtönenden Klängen, z. B. der großen Zimbel, oder des Gongs. Ich habe Kinder, die dem Ton bis zum Verlöschen zuhören und dann erst wieder neu anspielen. Wenn dies der Fall ist, ist eine Objektbeziehung entstanden. Wenn dies bei autistischen Kindern geschieht, ist dies hoffnungsvoll und leitet die Sozialbeziehung ein.

Ein pausenloses Hintereinanderanspielen eines langtönenden Objektes ist eine motorische Impulsbewegung ohne die entsprechende günstige Spannung zwischen Instrument und Spieler. Wenn dies geschieht, wird man als Therapeut sobald als möglich ein kurztönendes Instrument gegen das langtönende eintauschen. Richtige Spannung zwischen dem Instrument und mir als Spieler ergibt adäquates Spiel und kann zu sprachlichem Ausdruck führen. Zuvor aber kann das Instrument ein Ablader für Spannung sein. Man spielt heftig laut und das Instrument wird zum Partner, zum Gegenspieler, mit dem man sich auseinandersetzt. → Übung. Es besteht die Möglichkeit, gegen seine eigene

Art, die sich im Spiel äußert, objektiv zu werden und sie zu erkennen. → Resonanz. Ein hervorragend therapeutischer Aspekt, nonverbale Kommunikation mit sich selbst zu erfahren, nach außen projiziert. Die Spannungsqualität äußert sich im „Eigenrhythmus". Man versteht darunter die spezifisch motorische Ausdrucksweise.

**Ein Beispiel:** Ein erblindetes Mädchen hatte einen langsamen Eigenrhythmus. Er äußerte sich in (ungefähr) nur 80 Schlägen pro Minute. Das Mädchen war entsprechend träge, bewegte sich kaum und stellte die stereotype Frage, sehr langsam, „Was ist das"? Jeder erklärte ihr willig das Gefragte, auch öfters und so drehte sich alles um diese eine Initiative der scheinbar interessierten Frage. Sie nützte dies für sich aus, um sich zu schonen und sie entwickelte sich dementsprechend langsam. Sie erblindete durch eine Krankheit im Alter von 2 Jahren und nun mit 5 Jahren schlug sie aus dieser Behinderung „Kapital", sie wurde nichts wie geschont. Sie verriet sich bei mir durch folgende Aussage: „das ist ein Vogel". Sie übersprang ihre stereotype Frage. Ihre Emotionslage war durch das Klanggeschehen entsprechend offen und so äußerte sie sich direkt. Ich fragte überrascht, wo siehst du einen Vogel? Sie ging auf den „Vogel" zu, der, sehr stilisiert, in den dort gehängten Wandteppich eingewebt war. Sie sah und erkannte also auf eine Entfernung von 3–4 Metern! Dies war überraschend. (Medizinisch war auch eine Besserung ihres Augenzustandes festgestellt worden, dies jedoch ignorierten die Eltern, sie konnten sich nicht auf eine entsprechend andere Behandlung einstellen.) Nach diesem Verrat ihres tatsächlichen Zustandes bockte sie, zeigte Verhaltensstörungen, Verweigerung und wollte so um jede nun an sie gestellte Aufforderung herumkommen. Der Reiz jedoch überwog, ab und zu kam sie einer Aufforderung nach, ihr Eigenrhythmus, d. h. der „Trommelpulsschlag" stieg nun auf ca. 120 an, was einer normalen Schnelligkeit entspricht.

Im Gegensatz dazu hatte ein Bub, psychisch sehr gestört und ohne Sprache, einen überaus schnellen Eigenrhythmus, gemessen kam er auf ca. 360 Anschläge in der Minute! Dazu waren die Schläge hart und sehr laut. In seinen schnellen Eigenrhythmus konnte man nicht eindringen, es war als umgäbe er sich damit mit einem Wall und der Schwall dieser heftigen Schläge erschreckte von Mal zu Mal. Er wollte keine Antwort.

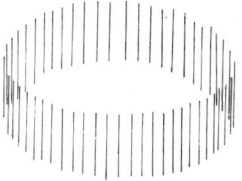

# 17

**Aufforderung** etwas zu tun, wird meist nur einseitig verstanden: daß sie vom Therapeuten kommen soll. Doch wichtig auch die Aufforderungen, die einem das Kind zuspielt!

### Musiktherapeutische Sicht:

Man unterscheidet verbale und nonverbale Aufforderung. Auch und besonders bei sprechfähigen Kindern kann die nonverbale Aufforderung wichtig sein, bei (vorläufig) sprachunfähigen Kindern sollte die nonverbale Aufforderung immer sprachlich unterstützt sein, auch bei hörgeschädigten Kindern sollte sie mitausgesprochen werden, damit sich Sprachverständnis bildet.

Wir kreiden einem Kind an, wenn es eine Aufforderung nicht befolgt, befolgen wir vice versa, immer die ihre? Kann man einer

Aufforderung überhaupt immer nachkommen? Nichtbefolgung einer Aufforderung kann in der Therapie bedeuten:

1. daß ich es nicht tun will,
2. daß ich es nicht tun kann,
3. daß ich sie nicht wahrgenommen habe, da ich noch zu intensiv mit anderem beschäftigt war.

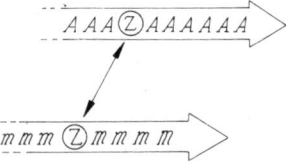

Der Zeitpunkt der Aufforderung ist entscheidend, aber es ist schwer, ihn immer richtig zu spüren. Der Therapeut, der sich bewußt ist, wie delikat eine Aufforderung zu behandeln ist, wird sich auch hier in Frage stellen. Ganz gut tun Beobachtungen am Video-tape: wie verhalte ich mich eigentlich? Bin ich zu eifrig, immer noch zu auf- und vordringlich, habe ich Leerstellen in der Beobachtung, gebe ich zu wenig? Jeder beobachte sich kritisch. Ist zuviel Bestätigung durch Blick oder Wort, oder zu wenig? Jeder korrigiere an seinem schwachen Punkt. Man sollte sich der ganzen Skala von Möglichkeiten innerhalb der Aufforderung bewußt werden, auch der Ton, das „wie sage ich es" ist entscheidend wichtig.

## 18
**Überforderung,** man fordert über die Kapazität, zu viel, zu früh.

### Musiktherapeutisch Sicht:
Überforderung ist schädlich, der Therapeut geht die Schritte des Kindes nicht mit, er will zu viel, die Kinder reagieren nicht, das Absacken der Stimmung kann zu unproduktivem Chaos führen, oder zum „Abschalten". Der Musiktherapeut, der ‚von der Musik kommt', d.h. hier ausgebildet ist, neigt dazu, dem rein Musikalischen zu viel Gewicht zu geben. Kinder haben ein anderes Verständnis für Musik. Sie dient ihnen als Ausdruck. → Prämelodischer, → prärhythmischer Ausdruck ist dem Kind bis ca. 6 Jahren gemäß. Dem behinderten Kind noch länger. Es kommt der Zeitpunkt wo Melodik wichtig wird und auch verstanden wird.

## 19
**Unterforderung**, man fordert unter dem Fassungsvermögen, zu wenig, zu oft das gleiche.

### Musiktherapeutisch Sicht:
Unterforderung ist ebenso schädlich, führt ebenso zu chaotischen Zuständen, zu sozialer Aggressivität, zu negativer Objektbehandlung. Das Barometer einer Stunde sollte nicht krassen

Unterschieden ausgesetzt sein. Ist die Stimmung im Abflauen, oder im Sieden, sollte im Sinne der Stimmung weitergemacht werden. cf. → Iso. Die notwendige → ‚autoritäre' Fähigkeit des Therapeuten hilft dazu, daß im Sinne der herrschenden Stimmung doch noch → Gestalt erscheint. Ein turbulenter Höhepunkt ist wieder Gestalt, aber nun bewußt, gewollt, erlebt.

So gestaltete sich ein chaotischer Höhepunkt (Kastanien waren in Trommeln geschüttelt worden, schließlich flogen sie durch den Raum, bewegungsmäßige Turbulenz, Schreien) durch den Ausruf, ausgerechnet des wildesten Buben in eine Gestalt: er rief und sang: „Heute ist Kastanienfest."

Der bewußte Musiktherapeut weiß einen solchen Ausruf zu schätzen, er ist musikalisch optimal durch die Punktierung, den Ausruf ‚heute' auf dem höchsten Ton, die Entspannung im abwärtsgehenden Quartsprung, die ‚Kastanien' bekommen eine leichte, bestimmte Betonung in dem Sekundintervall und dies alles aus dem erlebten Moment. Ein Musiktherapeut sollte die Musik ernst nehmen! (quasi ein Paradox).

Ein anderer Bub, siebenjährig, mit heftigen, gewalttätigen Reaktionen, sang am Ende einer Stunde, wieder als Summation des Geschehens:

Er hatte Kreppapier und als Blumen verkleidete große Nägel – sie waren ein Geschenk einer bekannten Therapeutin, gedacht, sie am Ständer aufzuhängen und anzuspielen (dann von dem hübschen Papier befreit) – in Wut entkleidet, nicht um sie aufzuhängen, sondern um sie als Waffe zu benützen. Gefährlicher Zustand! Direkte, schnelle, strenge Reaktion hielt ihn ab, anzugreifen. Überraschungsmoment! (s. OMT, S. 124).

Mit den spontan gesungenen Worten (am Ende des Zusammenseins), unemotional, löschte er, wie in einem Bekenntnis, seine Tat.

# 20

**Bewegung**, eigentlich *das* Lebensprinzip, dem alle lebende Existenz unterliegt und dadurch der Veränderung preisgegeben ist. Nichts Lebendes bleibt ‚stehen', die Veränderung ist mehr oder weniger sichtbar, mehr oder weniger ‚schnell'. Organische Bewe-

*Bewegung – Erregung*
*Erregung – Bewegung*

*Novalis*

gung ordnet man dem Wachstum zu (in ihr ist das Abnehmen eingeschlossen). *Im Wachstum ist stets ein Widerstand zu überwinden.* Das deutsche Wort ‚wachsen' ist bis ins Indogermanische zu verfolgen. → Wachsen.

### Musiktherapeutische Sicht:

Wahrnehmung und Bewegung hängen eng zusammen. Sie bedingen sich gegenseitig. Bewegung ruft Wahrnehmung hervor durch die veränderte Sicht, aber die Wahrnehmung muß erst „geweckt" sein. Sie ist es bei einigen Fällen von Behinderung nicht. Sie kann so eingeschränkt sein, daß sie nur einen kleinen Segmentbogen des Gesichtskreises vor sich begreift. → Wahrnehmung. Wir begegnen in der Therapie Kindern mit zu wenig, zu viel, zu ausladenden oder zu eingeengten Bewegungen. Wir können zur Veränderung reizen durch gut vorbedachte Angebote, die auf die Dauer die Eigenbewegung verändern können.

*... daß die Bewegung bei ganz kleinen Kindern die Elementarsache ist, – für Leib und Seele: – ... die Bewegung, welche möglichst die ganze Nacht und den ganzen Tag fortgesetzt werden sollte. Sie sollten, wenn's möglich wäre, in ihrem Hause immer sein wie in einem Schiff.*

*Plato, Gesetze*

Wenn Bewegungen langsam sind, keine Neigung da ist sich umzudrehen, zuzuwenden, liegt dies oft an zu wenig Reiz zu diesen Bewegungen. → Wahrnehmung. Das deutsche Wort Bewegung wird für die innere wie äußere gebraucht. Das lateinische Wort movere, sich bewegen, bekommt durch die Vorsilb‚e' (ex) (exmoveo, emoveo) die Bedeutung von ‚emporwühlen, erschüttern'. Doch auch im Wort ‚motio' ist schon die innere Erregung mit angedeutet, in Emotion deutlich.

Durch ein Sichbewegen kann es also zu einer Erregung kommen, wie eine Erregung eine Bewegung auslösen kann, unter Umständen auch einfrieren lassen kann. Wir finden bei Novalis in seinen Fragmenten, der unergründlichen Fundgrube von Splittergedanken, Initialfunken, auch diese Entsprechung. Wir erkennen an der Bewegung, z. B. beim Anspielen eines Xylofons, eines Metallofones, den Bewegungsimpuls eines Kindes. Beim Kleinkind äußert er sich in kleinen Zyklen von ungefähr 5 – 6 Bewegungsanschlägen, → in prärhythmischer, → prämelodischer Art. Die gleichmäßige Bewegung (im Taktspielen!)

kommt später. Bleibt sie *nur* gleichmäßig (im Takt), ungerührt von Erregung, d. h. kommt sie gar nicht auf, so ist dies bedenklich. Der Therapeut kann durch ein sich Angleichen an dieses Tempo die Gleichmäßigkeit erträglich machen, indem er auch rhythmisch Vergrößerungen oder Verkleinerungen in dieses ge-

22

meinsame Spiel mit hineinbringt. Oder: Der Therapeut spielt melodisch mit und ermöglicht dem Kind eine Ausweitung, ein Erlebnis in diesem gemeinsamen, gleichmäßigen Spiel. Er wird sich freuen, wenn das Kind seine Gleichmäßigkeit unterbricht, indem es auf kleinere Einheiten (Achtel z. B.) eingeht. Ein Paradox: dieses „gute Imtaktbleiben", in der Musikpädagogik erstrebenswert und notwendig, versucht man in der Therapie zu lösen.

# 21

**Multisensorisch,** mehrere Sinne ansprechend, gleichzeitig, auch neben- und hintereinander. Multisensorische Erfahrung stärkt das Gedächtnis, schafft Querverbindungen und hilft so zu Assoziation.

### Musiktherapeutische Sicht:

Aus der Erfahrung, daß Kinder nur bedingt immer und ausschließlich akustisch interessiert und zu gewinnen sind, kam die Einsicht, sie auch auf das Optische und Taktile innerhalb unserer Materialien zu lenken. („Was ist ein kaltes Instrument?", „Welches ist wärmer?" – „Welches ist der größte Stab im Xylofon, welches der kleinste?" usw.)

### Beispiel:

Ein mongoloider Bub, schon 13jährig, als er zu mir kam, traute sich z. B. nicht, ein Metallofon anzuspielen. Aber er kam der Aufforderung nach (von sich aus tat er nichts), die Klöppel auf das Metallofon zu legen, 2 und sogar mehr. Hier spielte ich an, leicht deutete er mimisch an, daß ihm dies gefalle. In der 2. Stunde war er bereit, die Klöppel in die Hand zu nehmen, spielte aber nicht auf der Spielfläche. Ich spürte, daß dahingehende Aufforderungen zu nichts führen würden. Er war aber bereit, den Holzrand, den Körper, auch die ‚Beine' des Instruments anzuspielen, beantwortete, daß es drei seien usw. Er imitierte, die Klöppel senkrecht am Rand aufzustellen (Lampen!) und sie auf die Spielfläche fallen zu lassen (so leise bei ihm, daß es *keinen* Klang gab). Dies sogar kanonisch, also in optischer Abwechslung. Er war bereit, meinen Klöppel, den ich auf einen Ton des Instrumentes legte, durch Anklopfen auf den Klöppelkopf anzuspielen –, es gab einen Ton dadurch. Noch kein Anspielen seinerseits, eine große Hemmung wohl aus Gespür, daß es ihn emotional berühren könnte. Er ist höflich und antwortet fast stets mit „ja, ja", „natürlich". Mir kam die Frage nach der 2. Behandlungsstunde, ob dies eine anerzogene kontrollierte Haltung sci. In der dritten Stunde traute er sich, das Metallofon zu berühren, so, daß es einen leisen Ton gab. Er erschreckte sich und wischte, wie auch bisher, seinen Klöppel schnell ab. Ab der vierten Stunde bis zur sechsten bahnte sich ein Durchbruch zum Spielen an: freies, angenehm lautes Spiel, prämelodisch, aber gleichmäßig rhythmisch, oft einen persönlichen Unterteilungsrhythmus einspielend. *Optisch – taktiler Einsatz war bei ihm notwendig, um zum akustischen Spiel zu kommen.* In der 12. Stunde ließ ich ein Kassettenband mitlaufen und sollte eine reiche Ernte bekommen. Wir saßen uns gegenüber, zu zweit an einem Instrument (am Altmetallofon, was er bevorzugt). Auf die Frage, wer

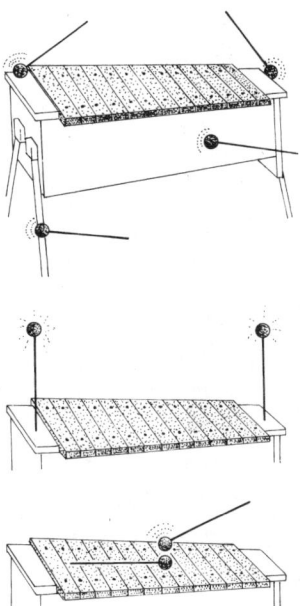

anfange, sagte er „ich". Er forderte mich auf, ihm immer nachzuspielen, erst verbal „du", später nur schnell gestisch. Er spielte alle Phrasen in einem Bogen. Meist gelang es mir, die Phrase genau nachzuspielen, manchmal nur ungefähr. Bei sehr langen Phrasen – bis zu 25 und 30 Tönen – setzte ich einen „Contra-Punkt", d. h. ich beantwortete bewußt kürzer.

A. H. hat bisher viel bewältigt:

1. seine Scheu überwunden, überhaupt anzuspielen,
2. zu spielen und sein Spiel zu beenden (einfachste Gestalt),
3. zu spielen und vom Partner das Nachspielen fordern
   (In der Schule spricht er kein Wort!!)
4. sich im Spiel und in der Aussage zu steigern, bis zu einem Höhepunkt
   (Beispiel 14, in der nun folgenden Aufzeichnung).

Es bleibt abzuwarten, ob er über den Stand des prämelodischen Spiels hinauskommt, ob dies für ihn überhaupt förderlich ist.

Es folgt auf Seite 25 die Aufzeichnung des großflächigen, prärhythmisch-prämelodischen Spiels, über 20 Minuten Länge, vom Band genau notiert.

Jede Phrase des Kindes, „flüssig hingelegt", wird vom Therapeuten so wiederholt, affirmativ, später oft in Echowirkung. Bis einschließlich Nr. 9 wurden die Beispiele ausgewählt, 10 bis 14 folgen direkt hintereinander.

Metronomisch gemessen bekam ich einen Wert von ca. Achtel = 196.

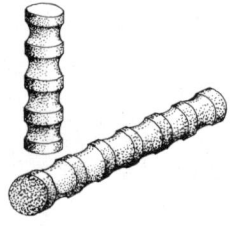

Einige der Materialien haben ihren Schwerpunkt im Taktil-Optischen. So z. B. ein Satz bunter Stäbe, (2erlei gelb, 3erlei blau, 2erlei grün, 2erlei rot, 1mal orange, in Paaren), die mit runden Einkerbungen versehen und verschieden groß sind.

Sie lassen sich in verschiedenster Weise aufstellen und verbauen und sie werden verschieden assoziert.

So baute ein kluger 9jähriger Junge mit autistischen Zügen, sich meist isolierend, des öfteren die Stäbe als ‚Orgelpfeifen' vor seinem Metallofon auf und zwar auf der Seite wo wir, aber nicht er, sie sehen konnten und sagte, als er nun am Metallofon spielte, er spiele Orgel. Ein neues Kind fragte höchst interessiert, „wo ist die Orgel" und war enttäuscht über dieses Arrangement als Orgel (für Sebastian w a r es eine).

Übereinander gestellt und gebaut sind sie Haus, aneinander gereiht Straße, viele Assoziationen stellen sich ein. Ihre Labilität im Stehen, besonders die großen Stäbe, (ca. 20 cm) lassen sie, gewollt oder ungewollt, umfallen.

Der bei Kleinkindern auffallende Drang und Zwang zur Destruktion ihrer Konstruktionen ist hier leicht zu erfüllen, wobei das Destruktive keineswegs negativ zu werten ist. Das Kleinkind fühlt sich mächtig, sofort wieder eine neue Gestalt zu bilden, ja in der schnellen Abwechslung von → Gestalt und → Chaos baut es eigene Sicherheit auf.

Gewagte Gestalten bei etwas größeren Kindern (diese z. Teil mit erheblichen Verhaltensstörungen, die sich gerade im Zerstören äußern) werden geschont und geschützt und sollen nach Worten solcher Kinder „immer stehen bleiben". Konstruktionen

1. Das hohe G wird erreicht.

2. Das hohe A wird erreicht.

3. Mehr im unteren Bereich und dort endend. –

4. Im mittleren Bereich, aber im unteren endend.

5. Bewußt absetzend, die oberen Töne erreicht.

6. Die Phrase etwas erweitert, bis zu den höchsten Tönen.

7. Leicht wieder absteigend.

8. Mehr absteigend.

Die Phrasen werden länger und intensiver, der Therapeut antwortet kontrastierend, es ist ihm unmöglich, genau nachzuspielen.

9. Wohl deshalb werden die Phrasen kürzer, bewußter, melodischer.

Beispiele 10 – 14 folgen direkt hintereinander, immer vom Therapeuten genau nachgespielt, die Phrase (14) wird langsamer angesetzt und in jedem Ton betont bis zu Höhepunkt A. Hier ♩ = 160

25

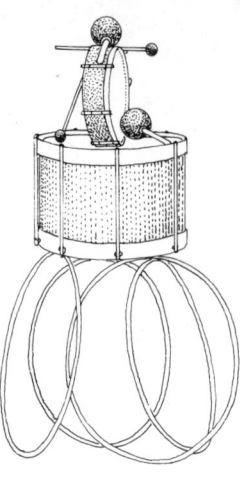

schwieriger Art, (als Erwachsener meint man und sagt man, das kann doch nicht gehen), die Fingerspitzengefühl, ja mehr noch Geduld erfordern − (z. B. 4 Reifen als Basis aufstellen und auf dieses Basisgebäude alles Mögliche aufzutürmen, schließlich da hindurchzukriechen und nichts fällt um!) sind gerade für solche Kinder typisch. Vergleichsweise zerstören erwachsene Patienten solche Aufbauten. Ich erinnere mich an einen leeren Xylofonkasten, der aufgestellt und mit allen möglichen Dingen, wie Schellen Triangeln, kleinen Zimbeln etc. hübsch geschmückt wurde, sogar umtanzt wurde, um dann mit großem Krach umgeschmissen zu werden. Man konnte während der Konstruktion bereits diesen Ausgang, der hinausgeschoben wurde, spüren.

Die Möglichkeit vielfältig zu gestalten, z. B. 3dimensional, flächig, oder übereinandergeschichtet, verschafft vielerlei Ausdrucksmöglichkeit und gibt dem Therapeuten Hilfe zur diagnostichen Wertung. Vorgeformte Gestalt, die nur zu erfüllen ist (einen vorgeformten Gegenstand in seiner Größe und Form erkennen und in einen vorgeformten passenden Raster zu füllen), ergibt vergleichsweise nur eine eindimensionale Aufgabe, mit dem Ergebnis richtig oder falsch, keine multisensorische.

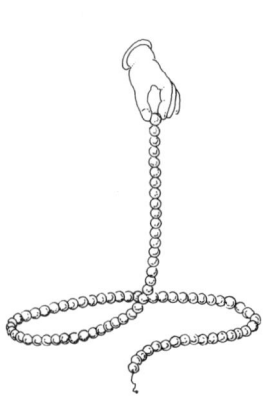

Für Kinder bis zum beginnenden kognitiven Entwicklungsstadium (bis ca. 7 − 8 Jahre) bedeutet „Musik" oft eine Aktion nach einer Arbeit. So bauten 3 Kinder im Kindergartenalter ein ‚Haus' für ihre Schlangen. Die Schlangen waren 2 → Ketten − sie werden von den meisten Kindern so assoziiert. Es sind glänzende Perlenketten, ungeschlossen, die eine ca. 80 cm, die andere 100 cm lang. ‚Haus' wurden die quadratischen Hocker, das Haus wurde geschmückt. Als sie das Haus für fertig hielten, holte R. ein Glockenspiel, setzte es in das Haus und spielte „für die Schlangen".

Die multisensorische Verwendung unserer Materialien, die natürlich primär akustisch sind, kann bewirken:

1. eine Steigerung der Perzeption
2. eine synaptische Erfahrung (Assoziation)
3. eine Kompensation bei Ausfall eines Sinnes,
4. eine akustische Ökonomie

# 22

**Assoziation**, ein spontaner Verbindungsgedanke, ein Verbindungskanal, ausgelöst durch eine Bewegung, durch einen Klang, einen Duft, der an einen vergangenen, erlebten Zustand erinnert, diesen ganz lebendig wieder erstehen läßt, dadurch das Vergangene mit dem Gegenwärtigen verknüpft. Die Assoziation ist vergleichbar einer geistigen Schnur, einem Faden, der unerwartet gespannt wird (aktiviert wird). Das Wort Assoziation enthält das lateinische Adjektiv socius, was ‚teilnehmend‘, ‚in Verbindung stehen‘ bedeutet. Es kommt vom Verb sequi, = nachfolgen, begleiten.

Assoziieren kann bedeuten, daß etwas verallgemeinert wird, aber auch, im Gegenteil, differenziert wird. Für die Gedächtnisbildung eine plastische Hilfe.

## Musiktherapeutische Sicht:

*Die Fähigkeit zu assoziieren bereichert.*

Zuviel Assoziationsgebaren zerstreut, – man kommt vom 100sten ins 1000ste, hier muß gebremst werden. Zu wenig davon bedeutet eine geistige Stumpfheit und diese muß gereizt werden. Autistische Kinder mit hohem Intelligenzquotienten (IQ) und guter verbaler Ausdrucksfähigkeit, bleiben kaum an einer Aktivität „linear“, sie verknüpfen diese ständig nach oben, unten, links, rechts, kraft ihrer Wendigkeit. Es entgeht ihnen die Erfahrung der Kontinuität. Sie werden geplagt von ihren Verbindungsgedanken, die allen Anderen auf die ‚Nerven gehen‘. Sie werden in der Schule zurechtgewiesen und verstummen dort dann bald. Schließlich werden sie als unlebendig, unkreativ eingestuft. Sobald sie sich in einer verstandenen Umgebung fühlen, bringen sie das Angestaute übermäßig stark heraus. Nach dem → ISO sollte man bis zur Sättigung dieser Assoziationsgeladenheit mitgehen.

Wenn ein Kind einen anderen Assoziationsfaden spinnt als der Therapeut, kommt es zum Mißverständnis. Der Therapeut fragt sich: wie nur kommt es darauf? Eine andere Assoziation!

*Unser Geist ist eine Assoziationssubstanz.*

*Novalis*

# 23

**Initiative**, ein Verhalten, das anfängt, Neues setzt, spontan sich ausdrückt, Gegensatz zum imitativen Verhalten. „Initiative“ ist vorerst wertfrei, da störende Initiative möglich ist. Stört sie wirklich? Initiatives Verhalten ist meist unerwartet, da es ja Neues setzt. Und dies wirkt oft wie Störung.

## Musiktherapeutische Sicht:

Initiatives Verhalten tritt bei verhaltensgestörten Kindern auf, bei Kindern mit gutem, oft überdurchschnittlich hohem IQ. Sie ‚schalten‘ schneller, ‚verhalten‘ oft ihre Meinung, ihre Idee nicht, ohne Zwischenschaltung kommt ihre Äußerung. Gewiss nicht immer willkommen für den Therapeuten. Es ist seine Kunst, initiatives Verhalten dieser Art anzunehmen, zu verarbeiten, besonders in der Gruppensituation. Wirklich stören tut dieses Verhalten am meisten den „geformten“ Therapeuten, der sich an diesen Überraschungen immer wieder neu schulen muß.

Die Gruppe verarbeitet meist spontane Ideen, sie weiß um den Vordersten in ihrer Gruppe, sie toleriert ihn, bis sie zu dem Punkt kommt, wo sie sich gegen ihn wehrt. Dies tut sie bei zuviel und zu übergreifend initiativem Verhalten. Sowohl Patient wie Therapeut muß sich auf ein mittleres Niveau von Initiative einpendeln und wie bei einem Pendel typisch, die Ausschwünge auspendeln lassen.

Generell sind Verhaltensgestörte, auch Sinnesgeschädigte, initiativ, ‚zündend‘. Wie weit man das Feuer brennen läßt, kommt auf die Situation und das Therapieziel an. Kinder mit Deprivationssyndrom trauen sich vorerst nicht, initiatives, spontanes Verhalten zu zeigen, kommen aber meist bei richtiger therapeutischer Behandlung damit relativ schnell zum Durchbruch.

Geistig behinderte Kinder zeigen nicht das Bedürfnis zu initiativem Verhalten (und je schwerer behindert, desto weniger). Kommt es aber häufig dazu, muß man sich fragen, ob das Kind sich nicht hinter seiner Behinderung versteckt, sich schont, und damit seine Umgebung täuscht. In einer ansprechenden Umgebung zeigt es sich überraschend spontan, hat u. U. schneller einen guten Einfall, wagt ihn einzuwerfen, als ein besser eingestuftes Kind. Ist es nicht angesprochen, lenkt es mit eingefahrenen Mechanismen ab, lächelt sich gewinnend durch die Stunde, berührt einen dadurch, bringt ablenkende stereotype Worte, Silben, willige oder unwillige, und hat damit wieder seine Ruhe. Wenn bei einem Kind, mit niedrigem IQ, in der Therapie im Verhältnis zur Schule z. B. initiatives und noch dazu positivinitiatives Verhalten überwiegt, wäre eine Kontrolle des bereits festgelegten IQ's notwendig. Wenn wir in der besseren Beurteilung eines solchen Kindes sicher sind, müßten die Schutzmechanismen des Kindes bewußt angegangen werden, um dem Kind nicht noch seine restlichen Möglichkeiten endgültig zu verschütten. Zu unterscheiden vom initiativen, assoziationsreichen Verhalten, sei es konstruktiv (konvergent) oder destruktiv (divergent), ist das erethische Verhalten. Ein erethisches Kind bleibt jeweils nur kurz an einer Sache, an einem Objekt, es hat und setzt keine eigene Idee für oder gegen eine Aktion. Das Neue überfällt das Kind. Für den Außenstehenden scheint es geplagt von seiner inneren Unruhe. In der OMT wird initiatives Verhalten gestützt, es ist erwünscht, da in diesem Verhalten das Kind sich zeigt, zeigt was es will, was ihm möglich ist. → Unterforderung, → Überforderung. Geht der Therapeut mit diesem initiativem Verhalten mit, kann er das Kind am leichtesten fördern. → ISO, → unstrukturiertes Vorgehen, → Assoziation.

# 24

**Toleranz**, Fähigkeit etwas zu ertragen, das „stört", stört dadurch, daß es anders ist, anders handelt, als man selbst es tun würde oder erwartete. Toleranz setzt Verständnis für Andersartigkeit voraus, setzt nicht gleich eigene Reaktion, sondern versucht im Abwarten die Andersartigkeit zu verstehen. Die Haltung zur Toleranz kann erworben werden, bewußt erweitert werden, da sie selten angeboren ist.

## Musiktherapeutische Sicht:

Die tolerante Haltung ist für den Therapeuten notwendig. Sie ist eine Übung, an der er nicht genug üben kann. Letztlich kommt sie aus dem Glauben, daß ein Kind von sich aus nicht bewußt frustrieren will. Die Haltung des Kindes ist offen, naiv, (nativus, so geboren), so wie es ist, stellt es sich dar. Das Kind will nicht bewußt verletzen, wenn es noch von sich aus handelt. Handelt es „nach Vorbild", oder dadurch gezwungen, (Umgebung), kann kindliches Verhalten verletzen, ist bewußt störend. Es kommt jeweils auf den Fall an, inwieweit man tolerieren soll, ja darf. Toleranz bedeutet nicht Hinnahme in jedem Fall. Die Frustrationstoleranz, ein neues Wort, liegt also nicht am persönlichen Pegel – „wieviel ertrage ich noch" – sondern am Pegelstand des Kindes, wieviel dieser Art ist für das Kind noch erträglich, ohne daß diese Art dem Kind schadet. → Geduld. Die entsprechende Reaktion des Therapeuten sollte im → Iso-Verhalten geschehen, soweit wie möglich. Der Therapeut muß oft tolerant sein, bei abweichendem Assoziationsverhalten (von seiner eigenen Meinung abweichend.) Letztlich sollte der Therapeut „nichts wollen", außer im Helfen dazusein. Dies bedeutet: einen Schatz von Hilfsmöglichkeiten zu haben, aus dem man je nachdem eine Hilfsmöglichkeit abrufen kann. Durch jedes Kind in der Behandlung erweitert und bereichert sich dieser Schatz, eben durch die Einmaligkeit eines Kindes und seiner spezifischen Handlungsweise. Bei ‚normalen' Kindern kann die tolerante Haltung des Erwachsenen noch geforderter sein, da im Therapieverhalten sowieso eine Menge von Duldsamkeit mitgebracht wird. Es liegt aber nicht nur im Erdulden! → Geduld.

# III. Gestalt

## 25

*Jede Lebensform ist vor uns als eine Gestalt, die nicht nur im Raum, sondern auch in der Zeit ihre artgemäße Entfaltung erfährt. Lebendige Wesen sind im gewissen Sinne geformte Zeit, wie Melodien.*

*A. Portmann*

**Gestalt**, eine greifbare und begreifbare Form, Endprodukt eines Tuns oder Geschehens. Räumlich und zeitlich möglich.

**Musiktherapeutische Sicht:**

Zur Gestalt sollte es auch in den einfachsten Äußerungen kommen. Einfachste Gestalt im Musikalischen ist schon: spielen – nichtspielen, Klang – Stille. Dies zu tun bedeutet viel für einen Gestörten. Gestalt besteht hier aus dem Gegensatz, z. B.

| | |
|---|---|
| Klang | Stille |
| ich | du |
| ich | wir |
| zeitlich – räumlich | |
| erst | dann |
| hier | dort |
| quantitativ | |
| zunehmend | abnehmend usw. |

**Beispiele im Musikalischen:** Ein erster spielt, ein zweiter kommt dazu, ein dritter, ein vierter, Ende in der Kulmination des Klanges – Stille – Wiederbeginn, diesmal beim zweiten Spieler. Oder zunehmend bis zum vierten Spieler. Dann: erster hört auf, zweiter hört auf, dritter hört auf, vierter hört auf, Stille – Wiederbeginn. Spielen bedeutet hier prämelodisches Spielen, in einem bestimmten Takt, aber auch eine kleine melodische Form, die sich klanglich steigert.

Teilt man ein Xylofon z. B. durch Herausnehmen des mittleren Stabes (= b, h,) so hat man 2 Spielflächen. Man bespielt die eine, die andere; einer auf der dunklen, der andere auf der helleren Seite, abwechselnd.

Die „Drei Rosen", die im Garten stehen, haben ihren Platz, die „Drei Tannen" stehen im anderen Platz, im Wald, Sommer wird gleich wie die Rosen gespielt, Winter wie die 3 Tannen. Räumlich gewonnene klangliche Gestalt.

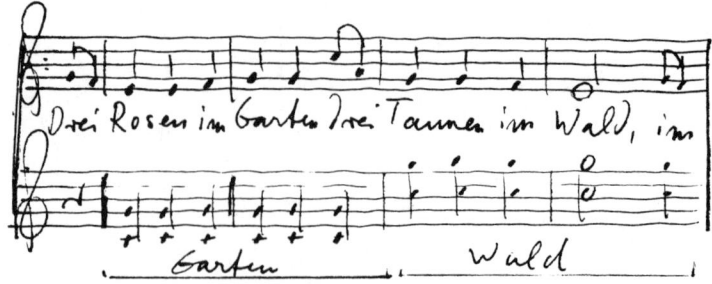

*Drei Rosen im Garten Drei Tannen im Wald, im*

*Garten          Wald*

**Beispiel im Optisch-Räumlichen:** Man sitzt im Kreis am Boden, jeder hat mindestens 3 Klanghölzer. Der erste beginnt einen Stab zu legen, der zweite der legt, trifft bereits eine Entscheidung, der dritte, der legt hat noch mehr Entscheidung zur Form hin, ein vierter legt, vielleicht ein fünfter, der nun, schon gestaltend sein Hölzchen legt, die Runde geht dreimal. Sind alle Stäbchen gelegt, hat sich eine Form, mehr oder weniger klar, ergeben, am Ende kann man klatschen, sei die Form nun erkennbar oder vielfach deutbar geblieben, um wieder neu (erfrischt) beginnen zu können. Bei entwickelteren Kindern kommen andere Gestalten, offenere, vielleicht kann einer auch nicht warten, da er eine Idee hat zu einer Gestalt, die ein anderer vielleicht nicht erfüllt, die Reihe wird durchbrochen; der „freigebige" sollte nicht gebremst werden, relatives Chaos möglich.

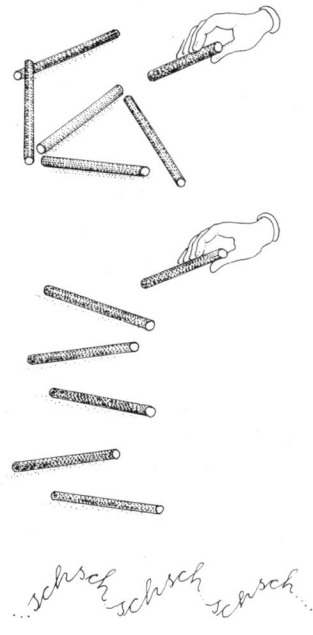

**Beispiele Bewegungsmäßig-räumlich:** Zusammen in den Kreismittelpunkt gehen mit den Worten wie „huhu hulehuh", Fermate = kurzes Verweilen im engen (dunklen) Zusammensein, wiederauseinandergehen mit Worten wie „sisi sisisi" da capo.

Oder „die siebente Welle", sie ist am Ozean die größte: mit Lauten wie „schsch, schsch", Bewegung einer Welle, die in der siebten, also in unserer siebten Bewegung kulminiert und entsprechend lange zurückläuft, wieder Neubeginn.

Gestalt ist besonders in einer Gruppenstunde notwendig, was aber nicht bedeutet, daß die ganze Stunde unter Gestalt stehen sollte. Kommt es aber längere Zeit zu keiner Gestalt, ist oft ein Verlust an Lust zu verspüren. Der Anfangstherapeut klammert sich eher an Gestalt, und da er selbst daran glaubt, gelingt ihm dies auch meist, im Gegensatz zum Therapeuten mit viel erlebten Stunden, der eher vorsichtig an Gestalt herangeht und versucht, aus dem Angebot der Kinder Gestalt wachsen zu lassen.

Gestalt in der Einzeltherapie gestaltet sich anders. Ich erinnere mich an einen Buben, damals 7jährig, der in den ersten Therapiestunden wie rasend in einem großen Umkreis die Trommel umlief, dabei laut schrie, er wurde zu keiner „Gestalt" gezwungen. Als er damit gesättigt war, sprach er und brachte differenzierte Unterscheidungen: er ordnete Farben zu Vokalen und war sicher, daß das Ü hellgrün sei. Er assoziierte Melodien zu Stimmungen und behielt eine solche Gestalt für lange Zeit im Gedächtnis.

Als eines der schwerst-behinderten Kinder erschien mir ein Bub, der, dreijährig, zu Objekten *nur* oralen Kontakt hatte. Er biß in alles, was ihm im Weg war. Sehr ausdauernd war er in dieser Beschäftigung. Das Therapieziel war, den oralen Kontakt zugunsten von Handkontakt abzubauen. Es gelang innerhalb eines halben Jahres, die oralen Bewegungen des Buben auf die Hälfte ungefähr zu reduzieren, die andere Hälfte der Bewegungen führte er nun manuell aus. Er berührte den Reifen, z.B., hob ihn hoch. Bemerkenswert war, daß er ihn in gleichmäßiger Bewegung zum Mund hob und senkte, wobei er nicht die Tendenz zum Beißen hatte. Es kam bis zum Klatschen und Anklatschen. Es kam auch zu folgender Gestalt: er bespielte in seinem typischen schnellen Rhythmus die große Trommel (immer nur mit der Hand), Zäsur-, der Therapeut „antwortete" ihm in gleicher Weise, er wiederholte sein Spielen. Ab und zu ein tiefer Blickkontakt seinerseits. Er war so selten, kompensierte aber

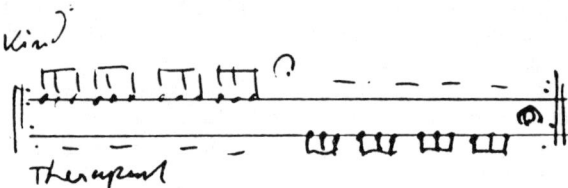

durch seine Tiefe und Wirklichkeit. Die Therapie mußte leider unterbrochen werden.

## 26

**Chaos**, Gegensatz zu erkennbarer Gestalt, deren Rohmaterial. Als Therapeut sollte man es nicht fürchten, aber auch nicht herausfordern. Der Therapeut sollte versuchen die „Chaosgestalt" anzunehmen, produktiv werden lassen. Chaos als Kulmination.

**Musiktherapeutische Sicht:**

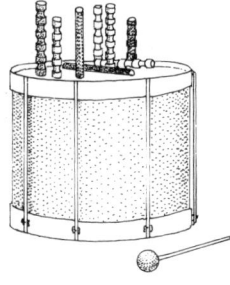

Chaos kann vom Kind als Steigerung empfunden werden, in dem Sinn ist Chaos ungeformte Gestalt, ein Paradox. (Vergleiche Beispiele bei „multisensorisch".) Kulmination eines Aufbaus im Zerstören, sozusagen im fortissimo. Das Kind hat auf der großen Trommel die bunten Stäbe aufgebaut, sie stehen als Bäume, als Stadt, als Leute. Ein schönes Gebilde ist entstanden. Als Erwachsener möchte man es erweitern, vielleicht auf die akustische Ebene bringen. Nicht das Kind, (bis ca. 7 Jahre) es wird mit Wonne und Befriedigung zerstören, es ist seine Kulmination, im fortissimo. Es beginnt sofort wieder aufzubauen, zur Gestalt hin, im Vertrauen „ich kann es wieder machen". Wiederholungsbedürfnis. Beim Kind die Zeitraffung, Katastrophen kommen schnell, das Kind ist fähig, auf die Katastrophe sofort die aufbauende Phase folgen zu lassen. Es hat ein anderes Zeitgefühl. Hier können wir als Erwachsene fast unwiedergutzumachende Fehler in einer Korrektur machen. Dies berührt das Problem für den Therapeuten: Die Entscheidung zu struktuiertem oder unstruktuiertem Vorgehen. Der sensible, schon erfahrene Therapeut neigt zur zweiten Art. Dem Kind ist ein anwesender, nicht eingreifender Therapeut wichtig, er ist ihm ein Spiegel zur Selbstbestätigung und -betätigung.

# 27

**Ordnung**, ein Begriff, der Dinge, Gedanken in einen organischen Zusammenhang bringt, nicht als Gestalt zusammengefügt, kulminierend, sondern nebeneinander, abrufbar. *Ordnung in sich ist undynamisch*, kann helfen zur Gestalt, ist aber nicht die Voraussetzung dazu.

*Ordnung um der Ordnung willen beschneidet den Menschen seiner wesentlichen Kraft, der nämlich, die Welt und sich selber umzuformen.*

*Antoine de Saint-Exupéry*

### Musiktherapeutische Sicht:

Je nach Anlage eines Kindes ist das Aufmerksammachen auf Ordnung indiziert oder kontraindiziert. Es gibt Kinder, die kommen in den Raum und wollen nichts, gestalten nichts, sie haben nur den Wunsch evtl. Vorbereitetes aufzuräumen, in die Ecke zu stellen, in der Erwartung „that's it", um dann gehen zu können. Im geminderten Fall hat das Kind nach einer Gestaltung, nach einer Aktivität das zwingende Bedürfnis, die gebrauchten Gegenstände wieder aufzuräumen, an den Ruheplatz zurückzustellen. Undynamischer Prozeß. Im Gegensatz dazu gibt es Kinder, für die das Aufräumen ein therapeutischer Prozeß wäre.
- In dem Wunsch und in dem Verlangen nach Gestalt kann es zu wunderbar „geschmückter" Ordnung kommen. (Kosmos heißt in seinem Verb „ordnen", „schmücken".)

**Beispiele von Schmücken:** Jedes Kind einer Gruppe schmückt seinen am Boden liegenden Reifen mit Dingen, die es im Raum findet und die zu seiner Idee passen oder dieser Idee untergeordnet werden. Das Ganze ist eine Idee der Kinder, deshalb so ergiebig! Diese Gestaltungen sollen stehen bleiben, dies wird vom Kind ausgesprochen, oft unausgesprochen erwartet! Dieses Bedürfnis steht im Gegensatz zum Bedürfnis des Chaos. Ich spreche hier allerdings von bereits 6 – 7jährigen. Oder: ein dicker Stamm mit vielen Ästen, die auch klingen, ein Naturxylofon sozusagen, wird in ungeahnter Vielfalt von Kindern geschmückt. Dabei entfalten Kinder einen Sinn für Statik, der uns in dieser Sicherheit abgeht.
Da, wo es an Ordnungsgefühl mangelt, helfen indirekte Worte wie: wer weiß, wo die Trommeln hingehören, wo stehen die Xylofone? etc. besser, als direkte Aufforderung (s. auch Abb. S. 75).

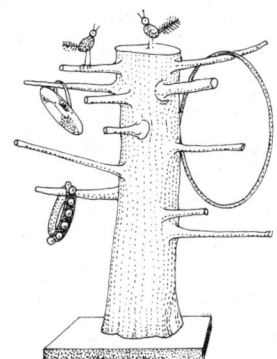

# 28

**Ostinato**, die Wiederholung eines einmal gefundenen pattern, möglich auf sprachlicher, bewegungsmäßiger, instrumentaler Ebene.

**Musiktherapeutische Sicht:**

Ein Ostinato kann als „Übungsfeld" eingesetzt werden, er kommt dem kindlichen Wiederholungsdrang entgegen. Er kann zwanghaft werden bei geistiger Behinderung, besonders bei Mongoloismus. Ein Ostinato bekommt eine Begleitfunktion durch einen 2., nicht ostinaten Ablauf, durch eine Melodie, die auch den Ostinato zu einem Ende „zwingt". Großer Durchbruch, wenn dies bei geistiger Behinderung gelingt! Ebenso bei Blinden, die oft einen Wiederholungszwang haben. Dieses Spielen: Ostinato und Melodie verstärkt das soziale Moment zwischen zweien. Auch bei Neigung zu → Perseveration einsetzen. (Zusammenspiel zwischen Kind und Therapeut). Beispiele bei 31 „Übung".

Ein einfaches Ostinato-pattern kann durch ein crescendo = ein Zunehmen an Stärke, wie durch ein decrescendo = ein Abnehmen an Volumen, Gestalt bekommen, wie auch durch Betonungen. Auch räumliche Betonung dient contra Perseveration: Ein einfacher Rhythmus, unterstützt mit den Worten ‚hier und da' kann nach links und rechts aufgeteilt, in dieser Zweiteilung für längere Zeit, vielleicht noch crescendierend, gegen eine stereotype Wiederholung angehen. Dabei sich drehend und nach 4 Richtungen zeigend, nacheinander, bekommt dieser Ostinato sinnvolle Wiederholungen, bei gering eingesetzter Substanz. Bei verhaltensgestörten Kindern kann der Ostinat als Kompositionskomponente eingesetzt werden. Ich habe 8jährige (kluge) Kinder beobachtet, die sich lange mit einer Melodie beschäftigten, die sie selbst aus drei Tönen gefunden haben – in freiwilliger Beschränkung – und die sie, immer wiederholend, für lange Zeit als Gestalt behandelten.

Im Kontrast dazu ist das prärhythmische, prämelodische Spiel, von da weg kann man zum ostinaten Spiel kommen. Bei nur ostinatem, geregeltem Spiel sollte unbedingt das prärhythmische Impulsspielen gefördert werden. Bedenklich ist es z. B., wenn ein 6jähriger Bub, der Donner und Gewitter spielen wollte, dies in einem geregelten Rhythmus spielt und sich nicht zum freien Rhythmus durchtraut.

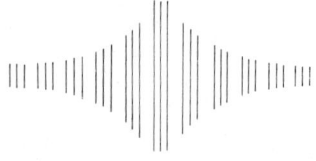

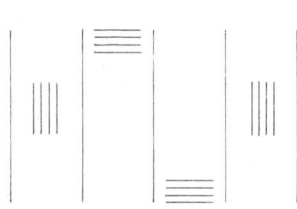

## 28 a

**Pattern**, eine kleine Formel, ein Muster, auf verschiedenen Ebenen möglich, fortgesetzt, ergibt einen Ostinato.

## 29

**Stereotypie**, äußert sich als gleichbleibende motorische Bewegung, ohne Ziel und erkennbaren Ausdruck, wirkt wie eine bewegte Statik.

**Musiktherapeutische Sicht:**

Häufig im autistischen Syndrom. Hoffnungsvoll, da noch Bewegung. Das autistische Kind „erfreut" sich an diesen Bewegungen, sie sind ihm Inhalt und oft „alles". Häufig werden sie mit einem Faden, oder fast unsichtbaren Dingen durchgeführt. Durchweg enge Bewegungen, kreisend, der Körper bleibt ruhig und dreht sich selbst nicht kreisum. *Der „homo se movens" ist aber noch vorhanden.* Therapeutisch kann man sich durch solch sichtbare Eigenbewegungen des Kindes einschleichen indem man ähnliches macht und dadurch dem Kind seine Bewegungen bewußt macht. *Stereotypien bedeuten Sicherheit für ein Kind*, es hat damit ein Spielzeug, das vorerst nicht genommen werden kann (und soll), es hat es immer bei sich. Hierher gehören auch stereotype Worte, die nur das Kind versteht und die es geheimnisvoll hütet.

*„ . . . amagalfei . . . "*

# 30

**Perseveration**, die zwanghafte Wiederholung eines pattern, meist sogar nur Wiederholung eines einzigen (gleichmäßigen) Schlages, „stundenlang" z. B. auf einer Trommel.

**Musiktherapeutische Sicht:**

Perseveration tritt auf bei starker geistiger Behinderung, hat im Verhältnis zur Stereotypie weniger „Geistigkeit", löst auch weniger Freude aus. Von Anfang an sollte daher in einer Behandlung auf Gliederung Wert gelegt werden, einfachste Gliederung: spielen-nichtspielen, auf verschiedenen Ebenen spielen, Abwechslung zwischen „ich spiele, du spielst", „einer spielt, alle spielen". Die Gliederung sollte attraktiv sein, mit einer Erwartungskomponente. Im Gegensatz zur autistischen Stereotypie nicht mit der Perseveration mitgehen, hier führt sonst kein Weg mehr heraus, man ist zu zweit in der Sackgasse.

# 31

**Übung**, steht zwischen Spiel und Arbeit. Übung gewinnt man durch Tun. So ist es wichtig, die Lust zum Tun zu entfachen und zu erhalten, im Tun ist dann Übung eingeschlossen.

**Musiktherapeutische Sicht:**

In der Therapie können wir unterscheiden zwischen
  a) Übung mit einem Objekt
  b) Übung zum Partner hin
  c) Übung zur Gestalt hin

a) Übung, um mit dem Instrument zurechtzukommen, dem Instrument etwas entlocken oder etwas hineingeben an Idee, *das Instrument zu einem Partner machen.* Durch das Tun und Spielen die Übung zum Tun und Spielen entfachen. In den Zustand der kreativen Übung kommen. Indem ich etwas Neues aus dem Instrument heraushole, oder hineininterpretiere, finde ich eine Beziehung und übe mich in das Instrument ein.

b) sich üben, die anderen auszuhalten, anzunehmen. Im Anderssein anzunehmen, sich üben im Zurücknehmen. Dem und den anderen Raum lassen. Im rechten Moment aber präsent sein, sich üben im Beobachten.

c) im eigenen Tun das Tun beobachten, das gleiche noch einmal tun, sich bewußtmachen, was man tut und dies evtl. korrigieren, zusammenfassen zur Gestalt hin, die ich behalten kann, wiederholen, weitergeben und aufzeichnen kann.

*Im prämelodischen Spiel spielt man, man übt nicht,* man will das gleiche nicht noch einmal, das Spielen genügt, es wird nicht reflektiert. In der normalen Entwicklung geschieht solches prämelodische Spiel im Alter von ungefähr 2 – 4 Jahren. Bei Behinderung länger. Eine starke Behinderung kommt nie darüber hinaus, da man sich selbst nicht in den Zustand des Übens bringen kann. Daher ist es diagnostisch aufschlußreich, bzw. prognostisch günstig, wenn ein Kind sich selbst in einen Übzustand versetzt. Kreatives (meist zufälliges) Spiel kommt in Kontrolle, in Reflexion und wird durch wiederholtes Üben bewußt in Form gebracht, erweitert und einverleibt. Sehr zu unterscheiden von Stereotypie, wo keine Veränderung, keine Variation, keine kreative Bewußtmachung möglich ist. Übung fördert memoria, memoria fördert das Nocheinmaltunwollen.

So sollten Instrumente in ihrer Handhabung grundsätzlich nie gezeigt werden, das Kind soll selbst explorieren. Daß dies meist laut geschieht, hängt mit der „Auseinandersetzung" zusammen. Im Lateinischen kommt exploro von ploro und dies bedeutet lautes Schreien, Heulen, exploro = ein Gebiet erkunden, durch lautes „Durchschreien" des Gebietes, durch Aufstöbern und Aufspüren des evtl. im Gebiet Vorhandenem (Revier). Ein „So-ist-es-richtig" (in der Handhabung, in der „Kundgebung") sollte in der Musiktherapie nicht gesagt werden. (Anders, wenn ein Kind es wissen will und selbst fragt).

Wie gesagt, wenn ein Kind sich selbst in einen Übzustand bringt, ist dies beachtlich! (→ Gedächtnis).

Die als schwer geistig-behindert eingestufte Renée tat dies. Sie hatte ein Muster gefunden und begriffen, es waren 3 Töne, in einem klaren Rhythmus geordnet. (Sicherlich vorerst räumlich gefunden, denn es sind die 3 Randtöne des Xylofons.) Immer wieder, für ca. 6 Wochen lang, spielte sie ihr pattern, sobald sie in den Raum gebracht wurde. Es wirkte wie eine Stereotypie schließlich. Um diese Zeit hatte sie noch kein Sprachverständnis und keinen sprachlichen Ausdruck. Ihre Melodie hatte als Tonsubstanz die 3 Töne am rechten Rand des Xylofons (f, g, a). Stellte man nun, zur Prüfung, das Xylofon so, daß die Töne links von ihr plaziert waren, spielte sie zuerst in der gewohnten räumlichen Ordnung, merkte, daß es nicht stimmte, anders klang, und sie fand ihr pattern wieder am anderen Rand, am linken Rand des Xylofons und spielte es nun hier. Es war ihr diese Umstellung möglich, sie fand die Lösung selbst. Es war also keine räumlich-stereotype Figur, sondern gehörte und erkannte Melodie. Diese zu erweitern, wie der Therapeut es versuchte,

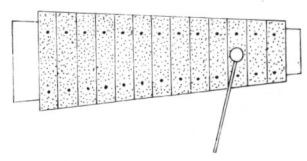

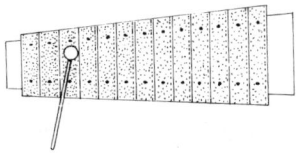

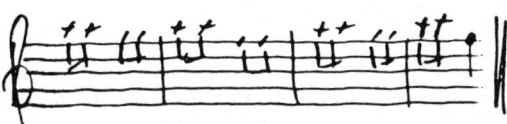

war um diese Zeit nicht möglich. Renée nahm es nicht an und ignorierte es. Ihre „Sättigung" war noch nicht befriedigt.

Aber sie spielte dieses pattern nun von jedem Ton aus abwärts, es ergab sich, je nachdem, eine Moll- oder Durprägung.

Im weiteren Probieren ergab sich durch den Auftakt, immer noch mit der Substanz von nur drei Tönen, folgende Veränderung:

Mit dem Auftakt und aufwärts gehend kam ein melodisches Gebilde im 3er-Takt zustande. Ergebnis fruchtbarer Sättigung!

Im Beispiel 3 verband sie den Raum von drei Tönen mit einem
neugewonnen Raum von vier Tönen.

Im notierten Beispiel 4, einem pattern von vier Tönen, wagte der
Therapeut spontan mitzuspielen, in einer durchgehend ostinaten
Achtelbewegung. Renée ließ sich nicht ablenken, im Gegenteil,
bereits nach der ersten Wiederholung übernahm sie – nach
einer schnellen gestisch-deutlichen Aufforderung – die Unter-
stimme, wechselte dann wieder in die melodische Oberstimme,
ohne daß der Fluß unterbrochen worden wäre. Sie verstand nun
Zusammenspiel!

Renée ist in der OMT ausführlich beschrieben (S. 152 – 160). Sie kam als Dreieinhalbjährige in die Musiktherapie und konnte um diese Zeit nur sitzen, nicht stehen, nicht laufen, nicht sprechen, kein Sprachverständnis. Sie „äußerte" sich damals lediglich in einer einzigen stereotypen Handbewegung. Am Schluß ihres Fallbeispiels steht: „kann man von ihr noch mehr erwarten? Die sprachliche Äußerung wird zunehmen, vorher kann es noch zu freiem Gehen kommen". Beides erfüllte sich: Renée, jetzt elfjährig, kann gehen, Renée versteht und Renée spricht verständlich in 2 – 3 Wortsätzen. Ohne Musiktherapie hätte sie diesen Weg nicht geschafft.

**Beispiel Marco:** Bei ihm kam so eigentlich gar nichts recht an, zu seiner geistigen Behinderung kam eine große Unruhe, er sprach, aber schnell und undeutlich. Er konnte es in einem Raum nicht lange aushalten, er sang bald, kaum war er hereingekommen, „auf Wiedersehen, auf Wiedersehen". Er konnte in seinem Bleiben verlängert werden, fühlte sich aber nicht wohl dabei. Bis zu dem Moment, wo er *sein* Instrument entdeckte: eine Schnarrtrommel, (Militärtrommel). Er wußte sofort, wie man sie spielte. Auch schon die Xylofone behandelte er virtuos, in schnellen Einheiten sprudelten seine Töne, langsames Spielen strengte ihn an. In den ersten Malen mußte man sein lautes Spiel auf dieser Trommel aushalten, von Mal zu Mal wurde es erträglicher, bewußter, es gelang ihm auch seine Rhythmen leise einzusetzen, wenn die Vorstellung es verlangte. Es gefiel ihm, daß die Ennstaler Polka, z. B., „erst im großen Tanzsaal – bei den Buben – " in F-Dur gespielt wurde, dann im kleineren in C-Dur – „bei den Mädchen" – . Dies war für ihn eine ver-

nünftige Regel, er konnte sich die 2 verschiedenen Tanzräume vorstellen und er spielte ein wunderbares, aber immer sehr schnelles pianissimo im Tanzsaal der Mädchen. Seinen mongoloiden Partner, wie er 12jährig, behandelte er erst grob und abfällig. Je mehr er nun am Instrument erreichte, desto freundlicher wurde er zu Fabian, früher nahm er ihm die große Trommel weg, um sie kurz selbst zu spielen, nun stellte er sie ihm hin, „hier Fabian, die brauchst du doch". Wenn die entsprechenden Stäbe zur Schnarrtrommel unauffindbar sind, – andere normalbegabte Buben benützen sie auch, aber längst nicht so souverän! – sucht er sie mit nicht vermuteter Ausdauer, ich fand sie nicht, er fand sie schließlich. Er wollte auch keine „Ersatzstäbe" als Klöppel annehmen, überglücklich und befriedigt beim Finden sagt er: „da sind sie, jetzt mußt du

sie (Frau Orff) aber wegschließen". Ich tue es seitdem. Sein Körperschema war so wenig entwickelt, daß er Personen nur mit dem Kopf, auf einem viereckigen Körper direkt aufsitzend, zeichnete, oder, vereinfachend, nur das Viereck. Die Zeichnung bedeutet, daß vier Personen anwesend waren (vgl. eine Zeichnung von Paul Klee). Das Lied, in dem ein Drachen vorkommt – in der Gruppe viel Strukturiertes – gefiel ihm, immer wieder spielten wir es. Es wurde so plastisch für ihn, daß er spontan den Drachen an die Tafel zeichnete. Mit Kopf und Körper, mit Ausdruck im Gesicht, mit Details am Körper. Das Spiel (Üben) mit seinem Instrument hatte ihn verbessert in seiner Anschauung, Imagination und Darstellung.

# 32

**Rhythmus**, eine gegliederte Folge von akustischen Impulsen, ohne bestimmte Tonhöhe, die sich überschauen, verstehen läßt durch organische Betonung. Kulturmäßig bedingt und verstanden, schwierig für jeweils einen Kulturfremden und von diesem nicht ohne weiteres nachvollziehbar. So ist auch unser scheinbar leichter Rhythmus im Vierertakt (gleichmäßig) z. B. für einen Menschen aus der Nigrokultur schwer nachvollziehbar. Uns scheint er leicht, und v. v.

### Musiktherapeutische Sicht:

Für das Kleinkind ist unser gleichmäßiger Rhythmus vorläufig noch nicht vollziehbar, er „erscheint", je nach (familiärer) Entwicklung: bei normaler Entwicklung sicher und meist im zweiten Lebensjahr, jedoch drückt sich auch das normalangelegte Kind noch längere Zeit prärhythmisch aus, wenn es frei am Instrument spielen kann und nicht gezwungen wird, „richtig" im „Takt" zu spielen. Durch das Phänomen der → *sekundären Imitation*, man könnte sie mit einer unbewußten Langzeitimitation vergleichen, kommt Aufgenommenes, wie Worte, in Rhythmus bewegte Worte, wie von ungefähr wieder hoch, aus dem Gedächtnisbehälter herausgestellt, meist unerwartet, „wie neu", ist aber eine eingespeicherte Kostbarkeit. So lernen wir. Das Kind in seiner Entwicklung kommt vom prärhythmischen zum fixiert Rhythmischen, wenn man es läßt und nicht zu früh einzwängt. Man sollte aber ein Kind nicht länger prärhythmisch animieren, wenn es bereits unterwegs zum fixiert Rhytmischen ist. (Dann sollte sich „Gewitterspielen, Regenspielen etc." ablösen zum fixiert rhythmischen Spiel.) Kommt das fixierte rhythmische Spiel zu früh, muß das frei rhythmische nachgeholt werden.
*Musiktherapie besteht also nicht nur aus Geräuschen, Erkennen von Geräuschen*, usw., so wichtig dies ist und vielleicht heute hier ein Nachholbedarf besteht im Verhältnis zur fixierten Musik. Aber wir stehen schon fast am Scheide- und Scheitelpunkt. Beides ist wichtig, das frei rhythmische Spiel und das fixiert rhythmische Spiel. Der Therapeut muß erkennen, an welchem Punkt das Kind steht.

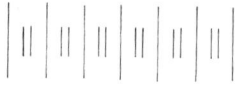

Sandbauen ist wichtig, einen Turm bauen auch. Man kann nach dem Turm bauen wieder Sandbauen wollen, evtl. auch müssen. Wann dies eintritt, hängt an der therapeutischen Behandlung, man sollte nur beide Aspekte ernst nehmen. Man sollte als Therapeut den organischen Lauf zum bestimmten Rhythmus nicht hindern, wenn das Kind an dem Punkt steht und der Therapeut vielleicht gerade im Zustand des „Sandbauens" sich befindet. Er muß dann als *Therapeut* handeln. Auch im Pädagogischen sollte es organisch übergehen vom freien Spiel, prärhythmisch, prämelodisch, in das fixiert Rhythmisch-Melodische, das Kind sollte nicht abrupt Noten lernen müssen, ohne emotionalen Impuls, Musik nur noch mit Notenständer ausführen können und das freie Spiel nicht mehr für Ernst nehmen. Den Erwachsenen nicht mehr ernst nehmen, wenn er ohne Noten spielt (da der „andere" Erwachsene es doch nur so kann und tut). Musiktherapie steht heute in diesem Spannungsfeld von „prä" und „fixiert". So ist die Bemerkung gegenüber einem Musiktherapeuten „ach, Sie kommen von der Musik" fast ein Paradox, und Musiktherapie wird so zu einem Politikum.

In der Beobachtung geistig behinderter Kinder ist es sehr wichtig, den rhythmischen Eigenausdruck eines Kindes zu beobachten.

**Beispiel:** Zwei gleichaltrige Buben von ca. 8 Jahren, beide in Sonderschulen, beide „geistig behindert", äußern sich ganz unterschiedlich frei rhythmisch. Einer – dabei stellt er das Instrument an die Wand, will also für sich spielen, – tut dies in sicheren gleichmäßigen Rhythmen für längere Zeit, wenn er innerlich dazu disponiert ist. Er kann also ruhig *sein*. Im täglichen Leben ist er ausgesprochen unruhig, zappelig, man versteht seine Rede aus diesem Grunde kaum. Der gleiche Bub ist fähig, folgendes Spiel auszuführen, es ist sein erfundenes Spiel.

Aus klanglicher Assoziation entstanden: er steckte Klöppel in die Löcher des hölzernen Fensterbretts, drehte sie unruhig, dabei stießen sie an die Röhren der darunter befindlichen Heizung. Dies gab für ihn (und nachträglich auch für mich) ein ähnliches Geräusch wie auf Schienen fahrende Wagen. Hier assoziierte er wohl ‚U-Bahn'. (Wenn er zur Therapie kam, mußte er eine längere Strecke U-Bahn fahren. Dabei hat er offensichtlich aktiv-perzeptives Verhalten eingesetzt.)

Er war der Fahrer des U-Bahnzuges mit allen verantwortlichen Tätigkeiten: fahren, ansagen der nächsten Station, anhalten, beobachten, wie lange ausgestiegen wird, zum Einsteigen animieren, Türen schließen, anfahren.

Er fuhr ruhig, hielt sein ‚Lenkrad' fest, d. h., er umschloß mit seinen Händen je einen großen runden Trommelklöppel, die er vorher unruhig gedreht hatte. Er versprach sich in der Ansage der Station nie (bis zu 10 Stationen), sie kamen in der richtigen Folge. Z. B.:
„Ma -rienplatz" (deutlich gesprochen)
„zur S-Bahn umsteigen!"
– Ruhiges Abwarten der imaginär aus- und einsteigenden Leute –
bestimmtes: „Zu - rückbleiben"
Er schloß die Türen mit einem bestimmten Geräusch – einziges Beisteuern meinerseits zu diesem Spiel, und er vergaß es nach einmaligem Sagen nie – fuhr an, sagte fast intim und beugte sich zu einem seiner Klöppel, seinem Mikrofon:
„Nächster Halt Sendlingertorplatz", Verlangsamung des Tempos, anhalten.

– Wieder Pause, für Aus-und-Einsteigen –
energisches „Zu-rrrückbleiben", manchmal mußte er es zweimal sagen!
Er schloß die Türen, fuhr an, beim Fahren immer leichtes Bewegen der
an die Heizung stoßenden Klöppel – Fahrgeräusch.
Wieder leise „nächster Halt Goetheplatz" usw. Beim Halten des Zuges
entnahm er einen Klöppel seiner Halterung, er diente ihm zur Ansage
für die Leute am Bahnsteig. Dabei oft wichtiges Schwingen der Schnur
des Mikrofons!

Bei späteren Wiederholungen sollte ich mitfahren, hinter ihm sitzen,
ich fühlte mich beruhigt und ‚gut aufgehoben'. Ein- und Aussteigen
brauchte ich nicht.

Nach diesem Spiel, in das er geringe Varianten einbrachte, ging er ruhig zu dem Baßxylofon, stellte es, wie gesagt, gegen die Wand und spielte für Minuten ruhiges rhythmisch bestimmtes (aber prämelodisches)
Spiel, nicht dialogisch, auch nicht mehr mit imaginärem Publikum.

Der hier zum Vergleich herangezogene Bub spielt, wenn er
spielt, immer crescendierend und in einem accelerando, also im
Volumen wie im Tempo zunehmend, zur Kulmination hin. Dann
Neubeginn. Er braucht besondere Motivation dazu, wiederum
ein Beweis, daß Kinder nicht unbedingt ein Bedürfnis haben,
sich musikalisch zu betätigen.

Dieses Kind ist diagnostisch vorläufig schlecht eingestuft. Es fällt ihm
dauernd viel zu viel ein, es stört am laufenden Band, kommt in der
Schule in die niedrigste Stufe, diese Umgebung verstärkt seine Verhal-
tensstörung. Im Vergleich zu dem ersten Buben hat er scheinbar mehr
Fähigkeiten, ihm fehlt aber die Konstanz. Wahrscheinlich, da er nicht
richtig eingeschätzt ist, muß er Vieles und Auffallendes machen, setzt
sich damit ‚ins Licht' und wird beachtet. Verschiedene Therapieansätze
sind also notwendig: dem ersten, in der guten Phase ruhigen Kind, eine
stabile ruhige Umgebung, in der er begrenzt, sich gut entwickeln
könnte, seinen Anlagen gemäß. Dem zweiten Kind, mit den vorläufig
abwegigen, störenden Einfällen, Möglichkeiten geben zur Durchfüh-
rung eigener Einfälle: diese in mögliche Bahnen lenken, daß sie unauffällig werden; ihm auf die Dauer gerecht werden in seinen aktiven
Impulsen.

Sieht man beide Buben nebeneinander, sind sie beide störend, ere-
thisch unruhig im täglichen Leben, ihre Verschiedenheit wird aber im
Instrumentalspiel deutlich.

Beim normalentwickelten Gehörgeschädigten kommt es bald zu
einem gleichmäßigen Rhythmus, aber in den seltensten Fällen ist
es ein 4er Rhythmus. Es ergibt sich, wohl durch die Pause beim
Wiedereinsatz, quasi ein 5er Rhythmus, der gleichmäßig durch-
gehende 4er Rhythmus ist nach meiner Beobachtung eine
Ausnahme und bei Bestehen darauf seitens eines Therapeuten
hemmt es den rhythmisch-energetischen Aussagefluß. Dagegen
oft bestimmter Dreierrhythmus beobachtet. Auch in Versen, wo
uns ein Vierertakt selbstverständlich scheint, weichen hörgeschädigte Kinder in einen freieren Rhythmus aus.

Beispiel:

Hundertzwei Gespensterchen
saßen irgendwo,
hinter einem Fensterchen,
da erschrak ich so.

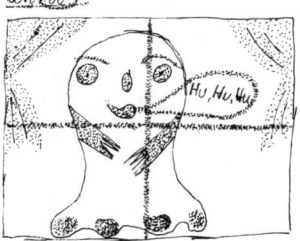

Die Kinder brachten diesen Vers mit in die Stunde, sie hatten ihn in der Schule gelernt. Vorläufig konnte man keinen Rhythmus erkennen, er wurde in für uns unüblichen Unterbrechungen gesagt. Aufmerksam gemacht, daß der Vers wohl so am besten zur Wirkung käme, waren sie auch willig, ihn so zu interpretieren: der Therapeut überdehnte bei „wo" und „so" die hier übliche halbe Note, durch Bewegung unterstützt: W o – mit einer Drehung und entsprechender Gestik, ebenso das S o – mit einer Erschreckensgestik. Nach anfänglichem Protest kam das Aha-Erlebnis und sie machten es gerne in dieser übertriebenen Art. Es hatte jedoch für ihre Aussage keinen bleibenden Wert, sie fielen zurück in die „Unregelmäßigkeit" und mir blieb vor allem der Rhythmus von N. im Gedächtnis:

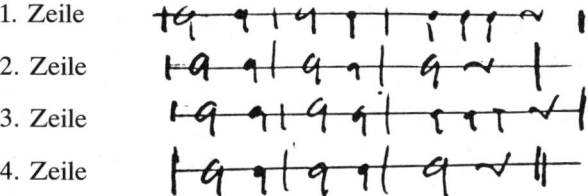

1. Zeile
2. Zeile
3. Zeile
4. Zeile

des obenstehenden Textes.

# 33

**Prärhythmisch**, meist mit dem prämelodischen Ausdruck gekoppelt, keine feste Taktform, aber ein rhythmischer Fluß. Typisch für das Instrumentalspiel des Kleinkindes.

**Musiktherapeutische Sicht:**

Das prärhythmische Spielen auf Trommeln, Triangel etc., aber auch auf melodischen Stabspielen hat Kleinformen, typisch dabei die Fermate und das Neubeginnen. *Es ist keine Stereotypie. Als Testkriterium einzusetzen.* Noch bevor sich das Kleinkind in unseren üblichen Rhythmen ausdrückt, spielt es prärhythmisch. In sekundärer Imitation wahrscheinlich stellt es dann erkennbare Rhythmen dar,

meist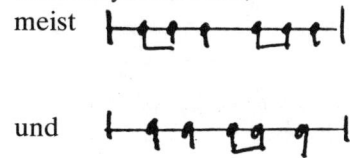

und

43

Dieser Ausdruck kann sich aber auch mit der Entwicklung des motorischen Sinnes ausprägen und damit zusammenhängen.

## 34

**Melodie,** eine Reihe von Tönen aneinandergefügt; man unterscheidet auftaktige und ganztaktige. Meist in einem gleichbleibenden Takt, in unserem Kulturraum eine meist 4- bis 8taktige Form. Die Intervalle, musikalisch gesehen die Folge der einzelnen Töne aufeinander, bestimmen die Qualität. Je größer der Erlebnisgehalt einer Melodie, desto besser ist sie. Mechanisch aneinandergefügte Intervalle, seien sie auch rein optisch-numerisch gesehen richtig, entbehren der Qualität einer geformten, echten Melodie, die lebt und empfunden werden kann, da „Echtes" in sie investiert ist. Es ist ein Geheimnis um die lebensfähige Melodie (entsprechend dem wahren Gedicht). Carl Orff sagt: „Eine gute Melodie ist wie ein abgeschliffener Kieselstein", also auch Zeit und Widerstand ist im Begriff. Jahrtausendelang liegt der Stein im Wasser und wird glatt und fast geschmeidig. Spürt man einen solchen Stein in der Hand, ist der taktile Eindruck „weich". Die Härte der Qualität wird in ihrem Gegensatz empfunden. Von diesem Bild her kann man ahnen, wie eine lebensfähige Melodie entsteht.

### Musiktherapeutische Sicht:

Eine Melodie kann vom Kind empfunden werden, ohne daß es das Bedürfnis oder die Fähigkeit hat, sie selbst nachzuspielen oder auch nachzusingen. Eine Melodie an einem Instrument wiederzufinden (am Klavier und an den mel. Stabspielen, da jeder Ton vorhanden und nicht wie bei der Gitarre oder Geige gegriffen werden muß) nach meiner Erfahrung möglich, je nach Begabung, ab 5 Jahre, normal mit 7 – 8 Jahren. Ein Lied, eine Melodie kann ein Kind anrühren, so, daß es in ein Rollenspiel kommt.

So war es bei Dan.

Er war 5 Jahre und kam gern zur Musiktherapie. Auffallend seine tiefe Stimme, so geworden durch notwendige Hormonbehandlungen während längerer und häufiger Klinikaufenthalte. Seine tiefe Stimme und sein ganzes Wesen machten ihn wie zu einem erwachsenen Partner. Musikalisch drückte er sich vor allem am Schlagwerk aus und war stolz, daß ich seine Rhythmen an die Tafel schrieb (um sie mir zu merken).

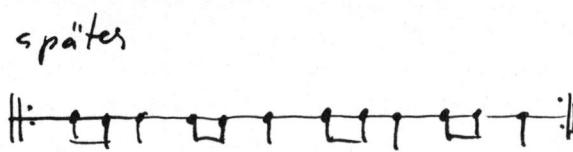

In der 3. Stunde spielte und sang ich, als Angebot, folgendes improvisiertes Lied:

Hop hop hop zu Pfer-de, wir reiten um die Er-de, Er-de, die Sonne reitet hinterdrein, wie Nacht-ge-räusche, bis sie abends müde sein.

„Das war schön, das kannst du noch einmal machen". Ich spielte es nocheinmal und er kam mit dem kleinen weißen Pferd, das mit anderen Dingen am Fensterbord steht, und machte mit. Der Schimmel ritt rhythmisch am Xylofonrand. Dan stand auf und holte zusätzlich den ganz kleinen Vogel. Er ließ ihn bei der nächsten Wiederholung über dem Pferd mitfliegen, das Pferdchen schwebte jetzt über der Xylofonfläche. Und nun griff er spontan ein –

Um nicht nur das Lied zu wiederholen, hatte ich einen ‚Nachteil' eingefügt –, Nachtgeräusche, Stille, Aufgehen der Sonne, Aufforderung an den Vogel mitzufliegen. – Erschreckend plötzlich, während unseres Nachteils, zischte er und sagte, „das war der Geist", tiefe Stimme! Trotzdem forderte ich am nächsten Morgen den Vogel auf, „die Sonne ist aufgegangen, das Pferd ist gesattelt, fliegst du mit!?" „Nein, der Vogel ist krank, der Geist war da." Er wollte aber, daß ich wie immer das ganze Lied spiele. Die nächste Nacht kam, wieder das bedrohende, erschreckende Zischen, und am nächsten Morgen: „nein, der Vogel ist krank, der Geist war da." Dies wiederholte sich 6mal! Beim siebten Mal zischte es nicht in der Nacht und bei der bisher immer erfolglosen Aufforderung: „Die Sonne ist aufgegangen, das Pferd ist gesattelt, willst du mitfliegen?" kam „Ja, heute geht's, der Geist war nicht da". Er stand auf und sagte „und jetzt machen wir Musik". Ging zum Schlagwerk und spielte befreit frohe, kräftige, individuelle Rhythmen. Das Lied, instrumental intensiv begleitet, war für ihn nicht ‚Musik'.

45

# 35

**Prämelodisch**, eine Ausdrucksweise in Tönen, ohne daß eine Melodie (im bekannten Sinn) erkennbar wird oder wiederholbar wäre. Ausdruckbedürfnis jedes Kleinkindes, ca. mit 2 Jahren, wenn es Gelegenheit hat, an einem Stabspiel (Glockenspiel, Xylofon etc.) zu spielen. *Es sind Impulsbewegungen gegen eine melodische Fläche, die prämelodisches Spiel ergeben.* Zäsuren teilen diesen melodischen Fluß, nach meinen Aufzeichnungen zwischen 5 – 12 Tönen lang. In einzelnen Fällen länger.(Siehe Beispiele bei Nr. 21.) Individuelle Ausdruckskraft ist darin erkennbar, von daher auch für Test verwertbar. (Es ist mehr wie „klopfen", was man diesem Spiel oft unterschiebt).

**Musiktherapeutische Sicht:**

Prämelodisch drückt sich das normale Kind gern bis ca. 7 Jahre aus, wenn man es läßt. Es spielt frei und gemäß seinen Bewegungsimpulsen, die ab 4 Jahren ca. durchaus rhythmisch gegliedert sein können. Aus dieser Art Spielen entwickelt sich melodisches Spiel unseres Kulturgutes. Wenn sie, ich denke an ca. 7jährige Verhaltensgestörte, eine Melodie d. h. eine Folge von Tönen bewußt selbst gestalten, wählen sie meist bestimmte Töne, 3 – 4 Töne. Selbstbeschränkung! Lernbehinderte Kinder drücken sich gern länger prämelodisch aus, da sie Anstrengungen scheuen, Mongoloide fast ausschließlich so, für sie ist melodisches Spielen, von Sonderbegabungen abgesehen, zu anstrengend.

Für Gehörgeschädigte ist prämelodisches Spiel eine Möglichkeit sich frei auszudrücken, durch eine oft gewandte, organische

Bewegungsführung Tongebilde zu erzeugen, die ihnen etwas „sagen", quasi ihren Gehörgang mit und auf dem Bewegungsgang leiten.

Prämelodisches Spiel ist notwendig und wird solange ausgeübt, bis zu dem Punkt, wo ein Kind *bewußt* eine Folge von Tönen spielt und diese wiederholen möchte, um sie zu behalten. Dabei kommt – wie von selbst – ökonomischer Sinn zutage, d. h. die Kinder wählen zu ihrer Sicherheit nur eine begrenzte Zahl, oder orientieren sich optisch am Instrument. Sie stellen sich selbst die Aufgabe und dieses ist wieder ein Testkriterium.

**Beispiel:** Auch Randy, siebenjährig, – große Schwierigkeiten in der Schule im Verhalten zu seinen Mitschülern, insbesonders auch zu der Lehrkraft, schlechter Schreiber! – auch er orientierte sich für seine erste Melodie optisch, er nahm die oberen 3 Randtöne. Er wiederholte

sein Melodiepattern oft. Dann zog er sich hinter einen Hocker zurück, nahm Papier und bunte Stifte und verbot jegliches Hinschauen. Mehr als drei Minuten dauerte es, bis er mir triumphierend seine drei aufgezeichneten Töne zeigt, verzierte große Buchstaben.

Das nächste Mal erweiterte er seine Melodie, sie hatte nun zwei Teile.

Wiederum zog er sich zurück und malte. Wieder die Buchstaben der drei Töne, anders geschrieben. Sonst wehrte er sich, wenn es ans Schreiben ging, hier war er dazu motiviert!

# 36

**Intervall,** zeitlich wie räumlich möglich, ein „Zwischen"raum, lateinisch ‚zwischen den Pfählen'. In der Musik meint Intervall einen bestimmten Schritt zwischen zwei Tönen, die direkt nebeneinander oder entfernter liegen. Man spricht von engen oder weiten Intervallen. Das prämelodische Spielen ist dem Intervall gegenüber indifferent, in diesem Spiel springt man von Ton zu Ton wie in einer Ebene. Beim bewußten Intervallspielen spürt man die Überwindung zwischen den Tönen, weiß man um die „Höhe und Tiefe" zwischen den Intervallen. Dies ist wie eine dreidimensionale Erfahrung, die die harmonischen Möglichkeiten einschließt. Wie ja auch Pfähle in die Tiefe gehen, damit sie Halt haben und in die Höhe, damit sie sichtbar sind. Zum Dreidimensionalen hingeordnet, kann jedes Intervall, wenn man will,

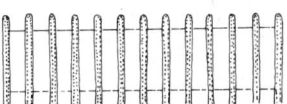

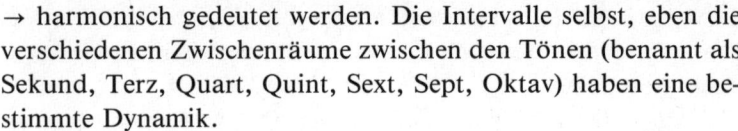

→ harmonisch gedeutet werden. Die Intervalle selbst, eben die verschiedenen Zwischenräume zwischen den Tönen (benannt als Sekund, Terz, Quart, Quint, Sext, Sept, Oktav) haben eine bestimmte Dynamik.

### Musiktherapeutische Sicht:

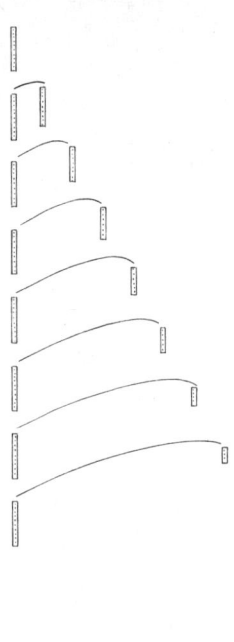

Auf unseren Stabspielen, mit der begrenzten und leicht überschaubaren Fläche (im Gegensatz zum Klavier z. B.) kann man das Intervallspielen rein optisch beginnen, „ganz weite und ganz enge Intervalle" finden. Allmählich wird sich das akustische Bewußtsein für Klangabstände einstellen. Dies gibt Ordnungsbewußtsein, die ‚Unschuld' des einfachen Spielens ist vorbei. Man muß als Therapeut achtgeben, daß dabei das Spontanspiel nicht verloren geht, weil das Kind es ‚richtig' machen will. Nocheinmal ein Hinweis auf die Wichtigkeit des freien prämelodischen Ausdrucks. Die Melodie hat dank ihrer immanten Aussagekraft eine besondere Beziehung zur Emotion. Sie wird vom Kind instinktiv deshalb unter Umständen gemieden.

### Beispiel:

Auffallend für mich war, als ein emotional gestörter 12jähriger Bub, der besonders darunter litt, keinen Freund zu haben, sich um die Weihnachtszeit, es war die letzte Stunde vor Weihnachten, wünschte − er sagte es kaum verstehbar und indirekt, − „Stille Nacht" zu spielen. Er lernte es innerhalb dieser Stunde und spielte es auf allen, bei uns möglichen Stabspielen, auf 3erlei Xylofonen, 2erlei Metallofonen, 2erlei Glockenspielen, immer wieder sagte er, „hier geht es auch". (Der Bub war mittelgut begabt.) Die Stunde nach Weihnachten, im Januar, wollte er dies wiederholen, brachte es aber nicht sofort zusammen und warf ungeduldig die Klöppel weg und sagte: Sch...ße!

Ein fünfjähriger Bub, an der Grenze zum normalen IQ eingestuft, − durch unglückliche Familienverhältnisse kaum gefördert, Mutter stand unter Medikamenten, Vater war nicht vorhanden − überraschte mich neulich, indem er an die Tafel Buchstaben schrieb. Er fragte mich vorher, was er schreiben sollte. Ich sagte: mach ein Haus. Er: richtig? „ja", und er zeichnete kein Haus, sondern schrieb HAUS, fast richtig, in großen Buchstaben. Dann sah er meine Schreibmaschine und wollte unbedingt darauf schreiben. Bald merkte ich − er sagte immer wieder, „ich kann es allein", daß er seinen Namen Daniel schreiben wollte und es gelang ihm. Wir schrieben ihn rot und schwarz und groß und klein. Ich meinte: Auf dem Instrument − wo er sich wunderbar prämelodisch ausdrückt − kannst du auch „D" und „A", (ein Quintintervall) spielen, so wie in DAniel. Er kam, schaute sich das an und sagte, „Das kannst du spielen, ich schreib wieder".

Wenn enge Intervalle bevorzugt werden − der Sekundklang ist ästhetisch schön − aber wenn dies aus einer inneren Notwendigkeit immer wieder geschieht, − ist es symptomatisch für Enge, Angst und sollte therapeutisch angegangen werden.

In einem Alter ab 10 Jahre ist es eher verdächtig, wenn ein Kind nur prämelodisch ‚herumspielt', es drückt sich um das bewußte Spielen, um Verantwortung gegenüber seinem Spiel.

**37**

**Harmonie**, die dritte Komponente der musikalischen Bausteine, neben Rhythmus und Melodie.

Im Griechischen heißt ‚Harmonia‘ wörtlich das Zusammenfügen, das Bindemittel, die Einstimmung. Als Verb gebraucht verbindet es Risse, Spalten, verbindet es ‚Schritt und Schritt‘ zum fließenden Gehen. Es wird auch verwandt beim Stimmen eines Instrumentes, auch als Einstimmung, z. B. in die dorische Tonart, neben der phrygischen, lydischen usw. Eine solche Tonart – das Wissen ist schon bei den Chinesen – beeinflußt die innere Stimmung, beim Hören, beim Ausführen und wurde sozialpolitisch genützt.

**Musiktherapeutische Sicht:**

Bei diesem Baustein gibt es kein „prä“, wie beim Prämelodischen oder Prärhythmischen. Im prämelodischen Stadium ist es möglich, daß viele zusammenspielen, ohne sich ausrichten zu müssen, oder ‚richtig‘ spielen zu müssen. Ein verbindlicher Konsens macht dieses Spiel ‚harmonisch‘. Macht man den Schritt zur bewußten Mehrstimmigkeit, ist solches ‚harmonische Stadium‘ vorbei. Die ‚Unschuld‘ des impulsgeladenen Spiels läßt sich nicht ins Stadium des bewußt-harmonischen Spiels hinübernehmen.

Das bewußte harmonische Spielen wird relevant im Alter von ca. 8 Jahren, oft früher bei begabten Kindern. Geistig behinderte Kinder bleiben hier meist zurück. Sie spüren wohl die harmonischen Funktionen innerhalb einer Melodie, wenn sie der Therapeut z. B. vollzieht und sicherlich formt und stabilisiert es ihre Empfindungen, sie selbst können dies aber in den wenigsten Fällen vollziehen. Verhaltensgestörte Kinder im entsprechenden Alter könnten harmonische Funktionen verstehen und ausführen, wollen sich aber oft nicht dazu anstrengen.

In unserem Kulturraum basieren die meisten Volkslieder, Volkstänze auf dem Tonika-Dominant-Prinzip, d. h. sie haben Tonika und Dominante in einem organischen Wechsel, dem Wechsel von 2 verschiedenen Akkorden: den, über dem Grundton einer Melodie, der Tonika, und dem über der Quint, der Dominante.

Dieser Wechsel bringt Stabilität, er wird erwartet, wir empfinden so, er bringt Balance von zwei Gegensätzlichkeiten, die sich ergänzen, man verläßt die eine Basis zugunsten der anderen und ist immer gehalten und sicher. Durch die geregelte Zweiteilung, durch diese zwingende Abwechslung in der Konstruktion dieser Lieder und Tänze, ergibt sich auch eine organische Bewegung: die Tonika kann als Verstärkung des eigenen ‚Standpunkts‘ verstanden werden, die Dominante als Bewegung zum Anderen hin und wieder zurück. Man verliert sich nicht. Tonika und Dominante repräsentieren im Klang die Dualität, die auch sonst in unserer Welt gilt: Tag – Nacht, Mann – Frau, Sonne – Mond, wachsen – abnehmen. Von daher gewinnt dieses harmonische Spiel seinen fundamentalen Wert. Die Unterdominante, der Akkord über der Quart, als dritter wichtiger harmonischer Schritt in diesem Typ Musik, bringt neuen emotionalen Aspekt, er überrascht, er weitet aus, er bringt sozusagen das ‚oben‘, die dritte Dimension, in das ‚links – rechts‘ des Tonika-Dominantspiels.

Wir als Therapeuten sollen sicher sein in der Kenntnis der harmonischen Regeln, sie hervorkehren, wenn für Kinder das Bedürfnis dazu besteht, cf. Iso. Schlimm, wenn ein Therapeut hier aus Unsicherheit ausweichen muß.

### Beispiele von harmonischem Verständnis bei Kindern:

Karin, vollblind, wurde mit eineinhalb Jahren adoptiert. Mit andauernder Liebe und Geduld gelang es den Eltern zum verschlossenen Kind vorzudringen, gelang es den Schaden der Deprivation allmählich abzubauen. Sie kam mit ca. 3 Jahren in die musiktherapeutische Behandlung in eine Kleingruppe blinder Kinder. Auch hier verhielt sie sich abweisend und nur allmählich taute sie zu dem Geschehen hin auf, berührte auch einmal einen Klang oder tastete sich zu einem Kind vor. Dann aber überholte sie alle anderen an Interesse und auch Begabung. Es gelang ihr mit 6 Jahren eine Bartokmelodie nach mehrmaligem Hören und Ausprobieren schließlich ganz richtig nachzuspielen. Sie wollte es! Sie tastete mit der linken Hand die Stäbe des Xylofons oder Metallofons ab und spielte mit dem Klöppel in der rechten Hand und gewann Einsicht in den Abstand der Intervalle.

Mit sieben Jahren war sie reif für melodische Begleitung. Wir richteten ihr das Instrument, wieder ein Stabspiel, entsprechend ein: Eine Fläche mit dem Dreiklang der Tonika, eine Fläche mit dem Dreiklang der Dominante. So konnte sie, als blindes Kind, die von ihr innerlich gehörten Harmonien leichter finden. Sie spielte mit großer Begeisterung, korrigierte sich sofort, wenn sie sich „vergriff“. Schaffte sie es ohne Fehler, brach sie in ein lautes „T o r“ aus. Eine Erklärung: man hatte ihr wohl die Exklamation T o r beim Fußballspielen erklärt, daß etwas gut gemacht worden sei. So wendete sie es hier an!

Ganz anders reagierte das blinde Partnerkind Paul. Melodien konnte er gut unterscheiden, und gab ihnen Namen, spielte sie aber kaum. Begleiteten wir nun ein Lied, oder einen bayerischen Landler – mit zwingender Tonika-Dominantforderung – nur mit einer Quintbegleitung, meinte er, nachdem wir ihn fragend „testeten“, daß dies gut klinge. Begleiteten wir das Stück bewußt fehlerhaft, meinte er, dies sei noch schöner gewesen, begleiteten wir schließlich wahllos, – wir, d. h. wir 2 Therapeuten – meinte er: „Es wird immer schöner!“

# IV. Objekt

## 38

**Objekt**, wörtlich (lateinisch) etwas Entgegengestelltes, Entgegengeworfenes, zur Auseinandersetzung Bestimmtes. Das Wort ‚Gegenstand' sagt Ähnliches, es steht entgegen, es fordert heraus.

### Musiktherapeutische Sicht:

Die Instrumente objektivieren die Beziehung zwischen Therapeut und Patient. Unsere Objekte sind vorwiegend akustischer Art, (gut) resonant. Um zu klingen, brauchen sie den Bewegungsimpuls, sie werden berührt, angeschlagen, angespielt, angezupft. Genau genommen, gibt es kaum non-akustische Objekte, sie unterscheiden sich nur durch ihre Potenz zur Resonanz. Nun sind dem Kind erst einmal alle Dinge interessant zum ‚Abklopfen', das ‚Ding sagt mir was'. Gleichzeitig erprobt das Kind dabei seine motorische Kraft. cf. Übung. Es sensibilisiert seine motorische Kraft an akustischen Objekten. Das (therapiebedürftige) Kind übertreibt meist im Lauten oder Leisen, je nach seiner Art. Ja, der normale Anschlag interessiert es am wenigsten. ‚Zu laut' oder ‚zu leise' hören wir oft über Verhaltensgestörte. Ihr Umgang mit dem Objekt, das Anschlagen nun gibt Aufschluß über Impuls, Verfassung und Stimmung. Es muß der ‚rechte' Widerstand gefunden werden und so ist jedes Anschlagen eines tönenden Objektes Erfahrung und Erkenntnis der ungebändigten und schließlich gebändigten Kraft. Reiche therapeutische Beobachtungsmöglichkeiten für den Erwachsenen! Er muß dem Kind Gelegenheit geben, daß es in seiner Weise spielen kann, Iso! Aus dieser Reflexion kann der Therapeut dann Weichen stellen.

*„Wie kommt der Ton in den Stein?" fragt Thomas*

*Denn nur durch Überwindung eines Widerstandes wirst du zu etwas.*

A. de Saint-Exupéry

**Beispiel:** So spielte ein 13jähriges Mädchen, sehr scheu in fremder Umgebung, aber dominant zuhause, vorwiegend in engen Sekundklängen an Xylofon oder Metallofon. Dies bedeutet, daß die Hände sich fast berühren, die Schultern eng zusammengezogen sind. → Angst. Auch klanglich ergibt dies einen engen Klang, und drückt so – im Klang-Gleichnis – ihre Stimmung aus. Sie sollte nun „weiter" werden, die Arme ausbreiten, damit die Schultern sich auch weiten. Korrekturen dahingehend sind nutzlos, wenn nicht schädlich. Bewegungsübungen mit Vorstellungen (Imagination) können helfen, wie auch rein motorische Übungen, z. B. links und rechts ein Standbecken anschlagen, die etwas entfernt stehen. Oder: In einem entsprechend weiten Kreis laufend die Pauke umrunden und sie dabei mit einer Hand anspielen. Man wird den Kreis weit behalten, wenn auf der anderen Seite, außerhalb des Weges,

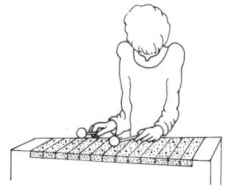

gerade erreichbar das große Becken angeschlagen werden soll. (Es gab früher beim Karussellfahren einen Punkt während der Fahrt im Kreis, wo ein an einer Stange hängender Ring während der Fahrt gezogen werden konnte, nur möglich mit ausgestrecktem Arm. Dafür gab es eine Freifahrt!) Auch Verse helfen, z. B. „Hat Füße und geht nicht, hat

hat     Füße     und geht nicht     hat Federn und fliegt nicht

Federn und fliegt nicht". Die Lösung dieses Rätsels interessiert kaum (Federbett und Füße des Bettes). Man geht in einem weiten Kreis und spricht, von festem Stampfen begleitet, den ersten Teil; ‚fliegend‘, mit weit ausgestreckten Armen und entsprechendem Gehen, den zweiten Teil. Allmählich besserte sich dieses Mädchen, äußerte sich und sprach auch lauter.

Unsere Objekte = die Instrumente, kommen im Spiel (mit Regel), im spontanen Spiel, in struktuiertem oder unstruktuiertem Vorgehen zum Einsatz. cf. OMT.

## 39

**Regel**, sie kann eine Spannung erhöhen, erst in Gang bringen, aber auch hemmen. Der Pol zum „Anderen" (Person oder Sache), der die Spannung ja erzeugt, wird durch eine Regel u. U. durchbrochen.

**Musiktherapeutische Sicht:**

Eine leicht durchschaubare Regel kann eine intensive Spannung ergeben. Auch im Sinne von „mach es richtig", „mach es jetzt", folglich auch „du machst es falsch". Durch die gegenseitige Beobachtung macht eine Regel sozialkritisch.

Bei Verhaltensgestörten, bei denen meist ein unstrukturiertes Vorgehen indiziert ist (s. Schema bei 41), wirkt eine Regel oft Wunder, wenn sie gerecht ist. Sie wirkt am besten, wenn sie von den Kindern stammt. Sie halten sich dann strenger daran als mancher Erwachsene. *Regel ist wie eine aufgerichtete Stange, sie bedeutet Sicherheit, Orientierung.* Bei Kindern mit geistiger Behinderung bringt eine Regel oft etwas in Gang, da meist zu wenig Eigeninitiative vorhanden ist. Eine einfache erste Regel kann durch eine zweite erhöht werden, durch eine dritte, sie wird durch die Anreihung komplexer, wir sprechen von linearer Koordination (cf. OMT, S. 53).

**Beispiele einfacher Regeln im Instrumentalspiel:** (Gruppe von ca. 6 Kindern.) Jedem kann ein Stabspiel (mit 2 Klöppeln) gegeben werden. Aus der Erwartung, daß alle gleich und gleichzeitig spielen wollen ist die Regel erwachsen: ‚wir sitzen im Kreis, jeder hat vor sich das Instrument. Wenn X, der kein Instrument hat, den Kreis betritt, spielen alle, wenn er den Kreis verläßt, spielt niemand.‘ X macht den „Klangkreis". Es ergibt sich ein Klanggemisch, das jedem in der Gruppe erlaubt, so zu spielen, wie er will. Ergebnis: Klang-Stille. Diese Regel kann auch umgedreht werden, was bei ‚Verhaltensgestörten' oft der Fall ist. Eine zweite Regel: einer spielt, wenn er ‚angezündet' ist, d. h. wenn sein Instrument vom Nebenmann mit einem Schlag berührt ist, dann spielt er solange er Lust hat und zündet dann wieder den Nebenmann an. Zweierlei hat diese Regel einmal entstehen lassen: erstens, man gibt gern, aggressiv oder nicht, dem anderen Instrument einen Schlag, zweitens, es ergibt sich die Möglichkeit, daß einer allein zu hören ist, der wiederum den Reiz zum Aufhören hat, indem er dem nächsten den „Anzündungsschlag" versetzt. Eine akzeptable Regel. Regeln gehen solange, wie sie gehen. Diese z. B. solange, bis einer Zweien den Schlag gibt, nach links und nach rechts, es geht noch eine Weile weiter, dann ist die Regel durchbrochen. Man sollte sie nicht sofort wieder reparieren. Meist ist dann etwas im Gang, was notwendig ist. Weitere Beispiele bei Struktur (40).

# 40

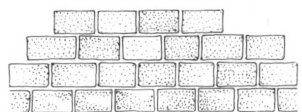

**Struktur,** dem ursprünglichen lateinischen Wortsinn gemäß der Bau, das Mauerwerk, auch der Aufbau.

## Musiktherapeutische Sicht:

Vorgeplante Stunden, die durch Vordenken entstehen, können strukturierte Stunden werden. Sie sind um so besser durchzuführen, je mehr man bei der Planung die Kinder einer gewissen Gruppe vor Augen hat, ihre möglichen Reaktionen mitbedenkt. Strukturen sind notwendig und man sollte Pläne „in der Tasche" haben. Nichts verkehrter aber, zu versuchen, den Plan unbedingt durchzuziehen. Interessant, einen gleichen Plan in verschiedenen Gruppen zu probieren (quasi eine contra-dictio), zu sehen, wie die eine oder andere Gruppe ihn verändert, ihn zu ihrer Sache macht. Generell gilt: strukturierte Stunden in der Behandlung geistiger Behinderung (Schema und Erklärung bei 41). *Struktur gibt Halt*, nach und nach die Struktur erweitern oder lockern.

*Structure without life is dead. But life without structure unseen.*

*John Cage*

Möglichkeiten von Strukturen sind gegeben:
1. durch ein Lied,
2. durch einen Rhythmus
3. durch Imitation
4. durch irgendeine Regel.

### 1. Struktur durch ein Lied

a) „Es trieb ein Mädl die Gänse aus" – „Szene"
  Wir haben 2 ‚Personen', das Mädl und den Strauch. Das Mädl: jemand der weggeht, sieht, spricht und wieder heimgeht. Der Strauch: ‚jemand', der steht, begegnet wird, ‚spricht', und bleibt (S. 55).

b) „In meines Vaters Garten" – „Szene"
  Person, die schläft und der etwas geschieht: sie hat ein Träumelein, das als Schnee kommt (klanglich darzustellen), im Erwachen sieht die Person die Rosen über sich (klanglich darzustellen). In der 3. Strophe

ein Tanz, Tutti-Möglichkeit klanglich wie darstellerisch, im Heimgehen, mit der Liebsten, sieht sie, daß das Haus weg ist.
In der letzten Strophe das Bauen des Hauses .. (S. 57).

(Dieses Lied wurde sehr ergiebig mit schweren Spastikern gemacht, einer war davon noch blind. Je weniger Kinder selbst tun können, desto mehr soll geschehen: es wird gesungen, adäquat begleitet, der Schnee tönt usw. Manches kann davon ein Kind übernehmen. Das ‚Hausbauen' kann u. U. einen Spastiker dazu bewegen, die Hände zu heben und ein Dach zu formen, oder damit ein Fenster zu machen, durchzuschauen usw.

### 2. Struktur durch einen Rhythmus

a) Ein Rhythmus-pattern, mit Klangstäben, auf einer Trommel usw., wird von einem erfunden und von der Gruppe imitiert. Anregung geben, den Rhythmus auch optisch auszuweiten: oben spielen, seitlich, am Boden usw.
b) einen Gegenstand im Kreis herum rhythmisch fixiert weitergeben
c) einen gegebenen Rhythmus durch Unterteilungen oder Auslassungen interessanter machen, mit diesem Rhythmus gehen, Instrumente damit anspielen, sich dazu bewegen, alles spielerisch!
d) Möglichkeiten vieler Art ergeben sich aus der Potenz und Fähigkeit der Kinder.

### 3. Struktur durch Imitation

Auf vielen Klang- und Bewegungsebenen möglich, nicht auf genaue Imitation drängen, annehmen, wenn es im Sinne des vorgegebenen Modells erfüllt wird.

### 4. Struktur durch irgendeine Regel, siehe Beispiele auch bei 44 → Spontaneität

Generell lieben Kinder Regeln, insbesondere, wenn sie aus der Gruppe der Kinder kommen.
a) solange gehen, wie wir das große Zimbel hören, dann zum Stehen kommen: ergibt meist gemeinsames Ende.
b) sich einen Platz ausdenken, zu dem man geht, ein Klangsignal gibt uns den Start zum Gehen, zum ausgedachten Platz, da capo (ungefähr 6- bis 7mal): ergibt kein gemeinsames Ende, meist ein fast meditativer Vollzug, sehr individuell. Danach Reflektion, evtl. Aufzeichnung der Wege; Alter ab ca. 8 Jahren.
c) Weitere Beispiele bei 39 = Regel.

Vor eine große Frage ist der Therapeut gestellt, wenn er ‚unnütze Regeln', die von einem Kind kommen, durchführen soll. Z. B.: „Schau mal, was ich hier habe, siehst du es, jetzt mach die Augen zu, was spiel ich an!" Der Bub hatte mir ein Triangel gezeigt, er hat sie angespielt, als ich die Augen zugemacht hatte – nun sollte ich raten! Meine Antwort, „du hast das Triangel sehr schön gespielt," ließ ihn begeistert ausrufen, „siehst du, siehst du." Ich hatte im Sinne des Aktionszyklus, der nicht unterbrochen werden soll, richtig gehandelt. Nach Craig (1918) besteht jeder „Aktionszyklus" aus einem antizipatorischen, einem appetiven und einem konsumatorischen Teil (zitiert nach René Spitz, Vom Dialog). Schneidet man nun dem Kind den konsumatorischen Teil ab, schadet es. Weitere Vorstellungen zu einem Tun

21

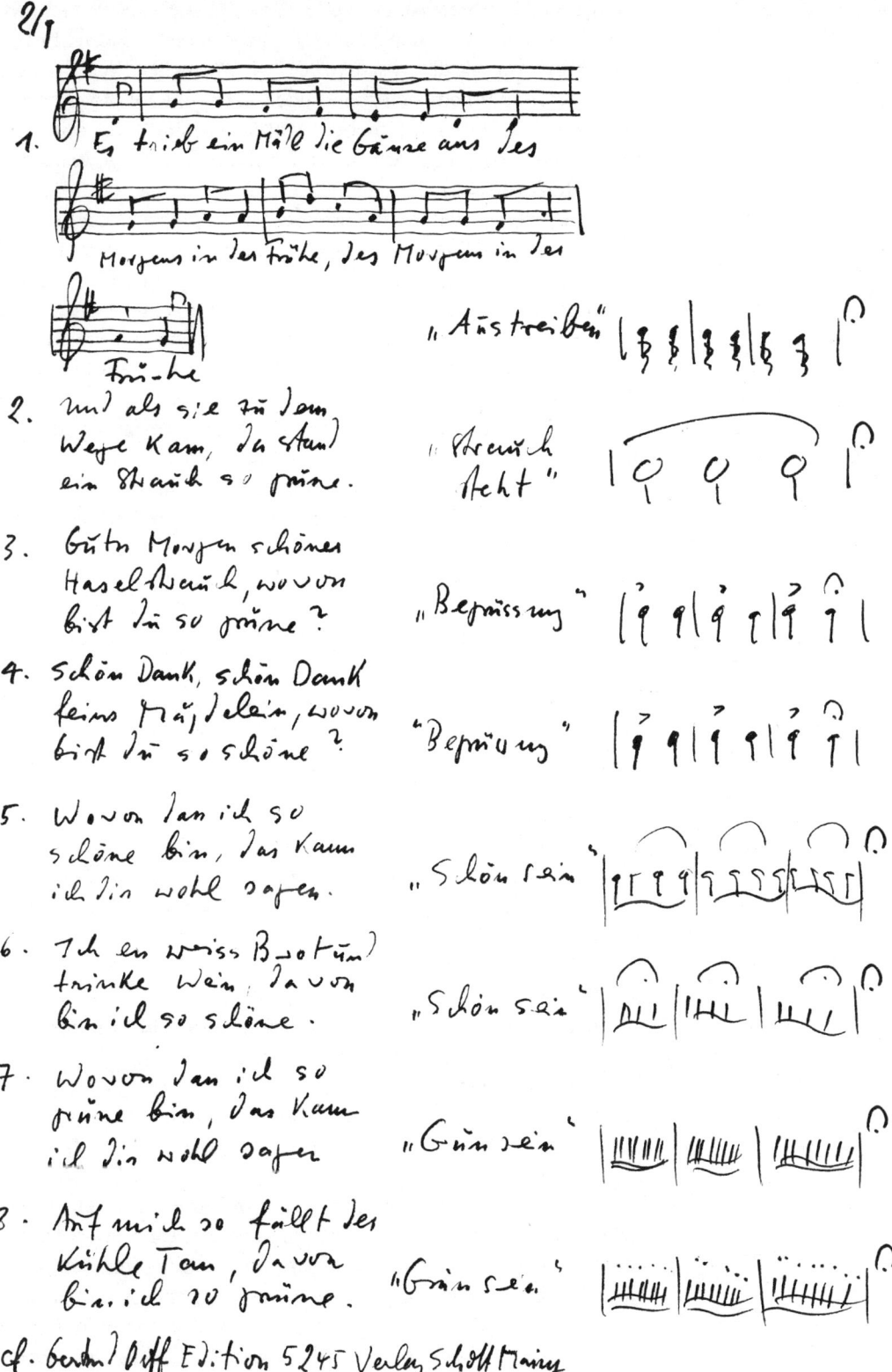

1. Es trieb ein Mädl die Gänse aus des Morgens in der Frühe, des Morgens in der Frühe.

"Austreiben"

2. Und als sie zu dem Wege kam, da stand ein Strauch so grüne.

"Strauch steht"

3. Guten Morgen schönes Haselstrauch, wovon bist du so grüne?

"Begrüssung"

4. Schön Dank, schön Dank feins Mägdelein, wovon bist du so schöne?

"Begrüssung"

5. Wovon dann ich so schöne bin, das kann ich dir wohl sagen.

"Schön sein"

6. Ich ess weiss B_ot und trinke Wein, davon bin ich so schöne.

"Schön sein"

7. Wovon dann ich so grüne bin, das kann ich dir wohl sagen.

"Grün sein"

8. Auf mich so fällt der kühle Tau, davon bin ich so grüne.

"Grün sein"

cf. Gertrud Orff Edition 5245 Verlag Schott Mainz

werden u. U. unterdrückt, Unlust, auch Angst stellt sich ein. Oder das Kind rächt sich, indem es aggressiv etwas durchbringt, was in ihm angestaut ist: seinen ‚Clown' zu spielen, z. B., der antidialogisch in einem sich steigernden Schwall Monologe bringt, die auch für ihn nicht mehr zu bremsen sind, die das Kind schließlich wie ausgeleert hinfallen lassen, ein unglückliches Kind bleibt zurück.

Es ist schwer für einen Therapeuten sinnlosen Regeln etwas abzugewinnen, man wird aber gewinnen, wenn man sich bemüht. Es gibt Regeln, die einem ein anderes Zeitgefühl demonstrieren, z. B. diese: „wenn eine Kugel durchgelaufen ist (durch den Kugelturm mit 30 Schalen), dann geht einer in die Mitte." Als Regel in sich logisch. Aber, wir waren 7 Leute, die nächste Kugel sollte wieder einen in die Mitte bringen usw. Eine Kugel – und das weiß das Kind – braucht lange, gemessen ungefähr 45 sec.! Und dies mal sieben! Es wurde unterbrochen, nachdem der zweite in der Mitte stand, von einem unruhigen Buben, mit den Worten: „Schluß jetzt, alle Kugeln auf einmal!" Wenn man über die „Langsamkeit" des ersten Buben reflektiert, spürt man, wie wenig oft man wohl diesem Kind gerecht wird.

# 41

**Unstrukturiertes Vorgehen,** ein Vorgehen ohne bestimmten Plan, ohne besondere Vorstellung des Therapeuten. Aus dem Vorgehen – procedere – entwickelt sich meist eine Struktur.

### Musiktherapeutische Sicht:

Dieses Vorgehen ist in Einzeltherapie indiziert, doch auch bei manchen Gruppen, insbesonders bei Verhaltensgestörten.

Genaugenommen gibt es kein Zusammensein ohne gewisse Struktur:

der Raum,
die Zeit, meist eine Stunde, doch nicht unter 30 Minuten,
die Objekte, die wiedererwartet werden,
die Personen,
die Gruppe mit ihrer Befindlichkeit,
sie alle geben und sind eine gewisse Struktur.

Unstrukturiertes Vorgehen muß nicht bedeuten, daß der Therapeut sich nur heraushält aus dem Geschehen. Eine Haltung zwischen wachem, neutralem Dasein und helfendem Eingreifen wäre ideal. Oft wird dabei in Gedanken bewegt: ‚wann eingreifen?', ‚jetzt schon'? ‚wohin läuft das Ganze'? ‚warum macht jener nicht mit'? usw., bis der Therapeut den richtigen Moment benützt. Keine Regel außer der des Helfend-Eingreifenwollens

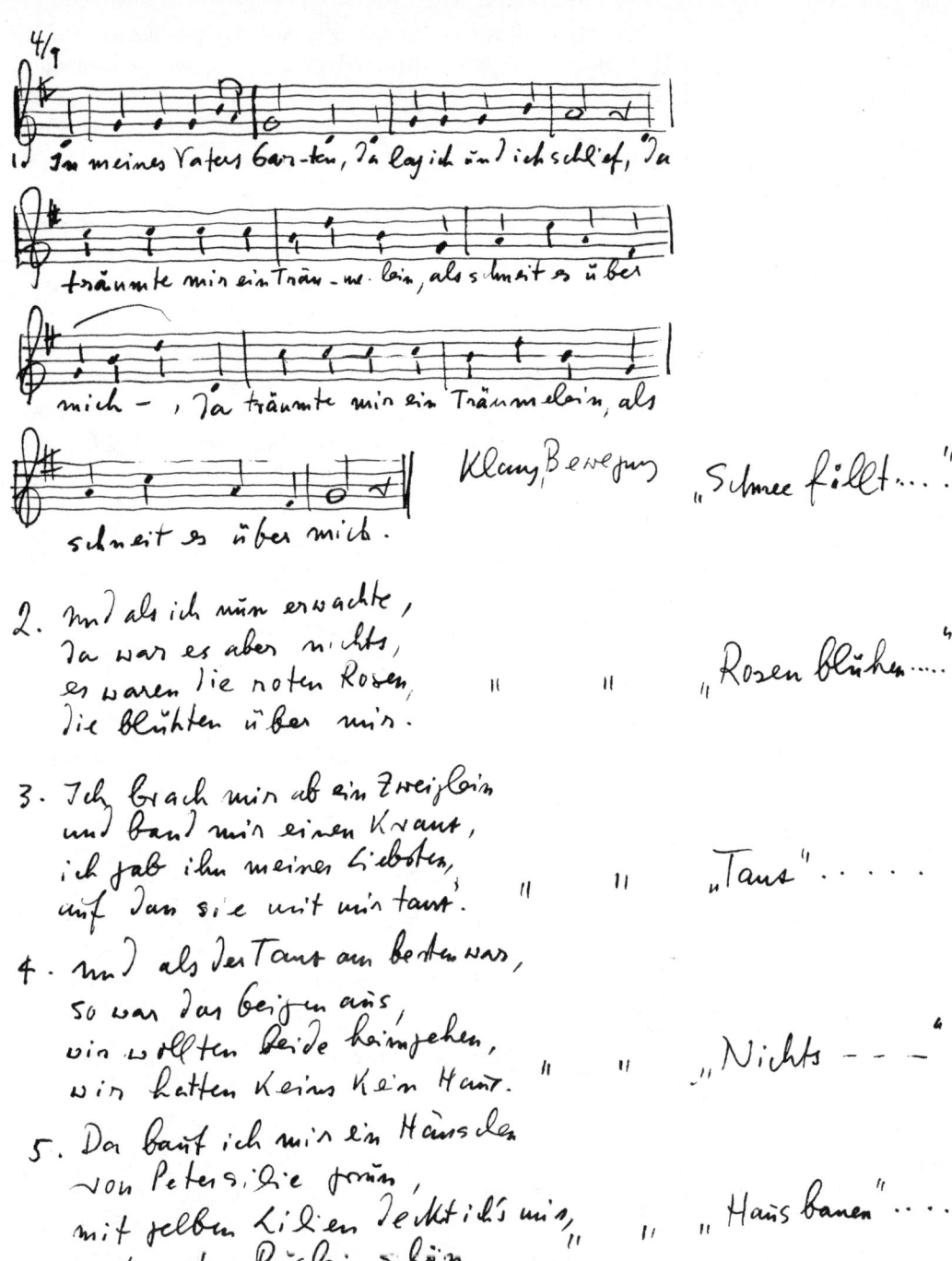

In meines Vaters Garten, da lag ich und ich schlief, da
träumte mir ein Träumelein, als schneit es über
mich —, Ja träumte mir ein Träumelein, als
schneit es über mich.

Klang, Bewegung „Schnee fällt…"

2. Und als ich nun erwachte,
Da war es aber nichts,
es waren die roten Rosen,
die blühten über mir.                „    "        „Rosen blühen……"

3. Ich brach mir ab ein Zweiglein
und band mir einen Kranz,
ich gab ihn meiner Liebsten,
auf dass sie mit mir tanz'.          „    "        „Tanz"……

4. Und als der Tanz am besten war,
so war das Beste aus,
wir wollten beide heimgehen,
wir hatten keins kein Haus.          „    "        „Nichts – – –"

5. Da baut ich mir ein Häuslein
von Petersilie grün,
mit gelben Lilien deckt ich's mir,"   „         „Haus bauen"……
mit roten Röslein schön.

f. Gertrud Orff Edition 5245 Verlag Schott, Mainz

kann gegeben werden. Wir können zum Vergleich von strukturiertem und unstrukturiertem Vorgehen folgende zwei Schemata aufstellen, für Struktur: ≡

für unstrukturiertes Vorgehen: | | | |

Das erste Zeichen ist wie ein Übfeld, dem additiv hinzugefügt wird,
das zweite Zeichen ist ein dynamisches Kräftefeld (cf. OMT, S. 52).

‚Rein' treten beide Schemata in den seltensten Fällen auf, also nur Angebot von Seiten des Therapeuten bis zur Gesamtgestalt, oder nur dynamische Impulse eines Kindes ohne jedlichen therapeutischen Eingriff. In der Praxis durchdringen sich beide Strukturen, die statische und die dynamische.

So sieht es in der gemäßigt geistigen Behinderung und auch bei Deprivation aus: viel Angebot, Struktur, von seiten des Therapeuten, Dynamisches vom Kind dazu im Verhältnis 1:3 ≢

Gleiche Verhältnisse oft bei Sinnesschädigungen,
eine Balance von Impulsen der Kinder und dem therapeutischen Eingreifen, Verhältnis 2:2 ‡‡

Im Verhältnis 3:1 – also überwiegend Impulse von Kindern, ab und zu stabilisierendes Eingreifen des Therapeuten – laufen Behandlungen mit Verhaltensgestörten ab. ╫╫

Die Behandlung in reiner dynamischer Grafik 4:0 tritt kaum auf, wohl aber in aufgebrochener Form: Das Kind gibt sich wie ‚fertig', es läßt nichts ein, Angebote schlagen in den Wind. Nur Lücken, kleine Aufbrüche lassen therapeutischen Einfluß ein, der aber wieder an eine Mauer stößt. „The empty fortress" heißt ein wesentliches Werk von Bruno Bettelheim, in dem er ausführlich autistisches Verhalten beschreibt. Ich habe erfahren, daß ‚Einbruchstellen' – da, wo der Therapeut eindringen konnte – nicht wiedergeschlossen werden, das abgebröckelte Mauerwerk wird nicht wieder ersetzt. Hier hat das Kind angenommen und es fällt auch nicht mehr in Abwehr oder Indifferenz zurück. ⸽|⸽|

## 42

**Kette**, eine Verbindung von Gliedern, meist aus ähnlichem Material, zur Verbindung gebraucht. Sie schließt sich auch zu einem „Ring" und verbindet sich so mit sich selbst. Die in diesem Buch stehenden Begriffe hängen wie Glieder einer Kette aneinander, ein Schlüsselglied reiht sich zum anderen, wird von ihm induziert und induziert weiter. Dabei gibt es, wie z. B. in einer Perlenkette, größere Perlen, an die sich kleinere reihen, bis zur nächsten größeren. Jedes Kettenglied ist wichtig. Eine Kette ist flexibel, ja, das Wesen der Kette ist flexibler Verschluß, im Gegensatz zu Gitter oder Stange.

**Musiktherapeutische Sicht:**

Eine Kette ist akustisch sekundär, taktil-optisch primär einzusetzen. Mehr zufällig brachte ich eine Perlenkette in die Therapie, eine ‚silberne‘, wie sie bald genannt wurde. Inzwischen gibt es noch eine ‚goldene‘. Sie werden von den Kindern geliebt und verschieden verwandt. Das Glänzende, Flexible, Eigenbewegliche ist wohl das, was fasziniert. Oft wird die Kette zur ersten Einstiegshilfe (bei Autisten). Bei den sprechfähigen Kindern ist sie fast immer „Schlange“. Rollenspiel fügt sich an. Auch das antriebsarme Kind zieht sie hoch, läßt sie wieder in den Behälter (eine größere Tempelglocke, die beim Hineingeben tönt) zurück. Auch auf die Trommel gegeben gibt die Kette und die Trommel einen Klang, je nach Impuls. Auch blinde Kinder sind davon berührt. Die Ketten sind offen, wie eine Schnur. Da die goldene etwas länger ist (ca. 1,10, die silberne vielleicht 90 cm) werden sie oft rivalisierend eingesetzt. 2 Fünfjährige bauten ein Haus für die Schlangen, cf. Nr. 21 – aus den vorhandenen Hokkern, schmückten es mit kleinen Dingen, Glocken etc. Am Schluß, nach getaner Arbeit, spielten sie spontan für die Schlangen (oder für sich?). Auch hier wieder wird Musik Summation, Höhepunkt, Erfüllung.

Ein vom Therapeuten einmal spontan zu einem Buben eingeworfenes Wort, der unerwartet ausscherte, „du machst die Spielkette kaputt“, fiel sichtlich tief. Nach 2 Wochen brachte er den gleichen Begriff zu mir gewandt, scheinbar hatte ich ihn korrigiert und er sagte: „Aber die Spielkette ist doch nicht kaputt!!“

# 43

**Spiel,** grob gesagt, Gegensatz zu Arbeit, Zwang, Zweck, Anstrengung. Spiel läuft in einem räumlichen und oft zeitlichen Gerüst ab, manchmal in einem Zahl- und Punktgerüst. Man spielt mit jemandem, was auch bedeuten kann, gegen jemanden. In der Musik kann man auch nur mit sich spielen und hat das Instrument und das, was man ausdrückt als Gegenüber. Richtiges Spiel löst, hat aber auch immer Spannung, sie ist dem Spiel immanent. Wettkampf ist nicht mehr Spiel.

**Musiktherapeutische Sicht:**

In der Musiktherapie ‚spielt‘ man mit der Musik, Regeln können unberücksichtigt bleiben. *Die Elemente der Musik, Klang und Bewegung, genügen.* Man greift die Musik sozusagen aus der Luft, das ist aus der Umgebung und sich selbst, aus einer Stimmung. Wenn diese fehlt, kann man nicht ‚Musik machen‘. Jeder Musiktherapeut wird erfahren, daß Kinder oft nicht zu Musik hin gestimmt sind, aus Emotionsmangel, aus Angst vor Emotion, aus Angst vor Beginn, aus Angst vor Kritik und was es

*Man spielt nur mit etwas, das auch mit dem Spieler spielt.*

*Jedes Spielzeug ist ein Spielgenosse, dessen Spielzeug der Spieler ist.*

*F. J. Buytendijk*

*„Die Spielstimmung ist ihrer Art nach eine labile. Jeden Augenblick kann das „gewöhnliche Leben“ seine Rechte zurückfordern, sei es durch einen Stoß von außen ... oder von innen heraus durch einen Ausfall des Spielbewußtseins, durch Enttäuschung und Ernüchterung.“*

*J. Huizinga, in Homoludens*

immer sein mag. Auch Übersättigung durch akustischen Konsum kann der Grund sein. Umso wichtiger ist der multisensorische Aspekt mit unserem Material. Man kann Klang auch für Stunden aussparen, sollte aber nicht ein anderes Ausdruckselement auf die Dauer dominant werden lassen, wie malen, bauen etc. Das „Spielfeld" ist das Instrument, das „zeitliche Gerüst", unsere Bewegung, bedingt durch motorischen Impuls und Motivation. Es sollte zu → ‚cantus' kommen, zu einem intensiven Spiel. Dieser intensive Ausdruck, und seien es nur wenige Töne, sollte sich einstellen, Zustand der → Elevation. Das ist heilsam. Die Art des Spielens ist diagnostisch verwertbar, man kann beurteilen, wie es dem Kind „ums Herz ist".

Überraschendes kann im Klangspiel geschehen: ein verschlossenes Kind öffnet sich, wird heiter, das überlaute, zu spontane wird nachdenklich. Spiel braucht ein Gegenüber, das Instrument ist (oft das einzige) Gegenüber. Man trifft sich im Spiel, das ‚Nur – Ich' wird ausgeschaltet, man wirft es ins Spiel. Man spiegelt sich im Spiel.

So muß auch die Imitation, ein wichtiger Faktor in der Therapie, spielerisch sein. „Mach's wie ich".

*... making music with its materials, sound and rhythm.*

*John Cage*

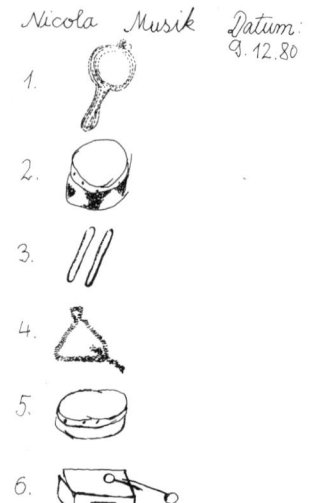

Nicola mit einem Hörschaden von 110 Dezibel, „taub" wie man sagt, 10 Jahre damals, hatte sich folgendes Spiel ausgedacht: hinter einem Hocker hatte sie verschiedenes Schlagwerk, was wir oft benützt haben, gesammelt und das gleiche Material Julia, ihrem Partnerkind, ebenso hochgradig schwerhörig wie sie, gegeben.

Nicola spielte nun versteckt ein Instrument an und Julia sollte, ohne daß sie es sah, das gleiche hinter ihrem Hocker anspielen. Die Entfernung betrug ca. 4 Meter! Gleichzeitig zeichnete Nicola für sich das Instrument und forderte auch Julia auf, es zu zeichnen. Sie verglichen die Zeichnungen später, nochmals zur Kontrolle. Das Ganze war mit wenigen Worten ausgemacht – wie so oft bei Kindern das schnelle Verständnis, das schnelle Einverständnis – und ebenso zügig lief das Spiel, einschließlich der Zeichnungen. „Musik", Name und Datum wurden am Schluß hinzugefügt. Das Blatt wurde mir überlassen.

*Spiel steht auch gegen Perseveration, gegen Stereotypie.* Spiel hat ein Ende, läuft hin zu einem Ende, ist final. Gleichzeitig aber auch ein Zustand, Spiel verlängert die Zeit, macht die Zeit „erfüllt". *Spiel braucht Schutz,* denn im Spiel geschieht ‚Elevation', ein Sturz ist möglich und gefährlich.

Andreas Flitner zitiert einige Grundstrukturen von Kinderspielen: (er stützt sich dabei auf B. Sutton-Smith, The Folk-Games of Children, Austin London, 1972).

a) Erkundungsspiele
b) das Bauen (mit Klötzen) oder das Formen (mit Sand)
c) das Ausprobieren (von Techniken und Fertigkeiten)
d) die Imitation (Handlungs- und Rollenspiel)

Vergleichen wir unsere Möglichkeiten mit diesen 4 Kategorien:

a) Das Erkunden:
   Unsere Instrumente werden nach dem Klang, nach der Substanz = Holz, Fell, nach der Mechanik = Schrauben usw.
   erkundet und dadurch persönlich, zu eigenem Besitz
b) Das Bauen, Organisieren:
   Man setzt Klänge zusammen, aber auch wörtlich, man baut
   mit Objekten, vertikal, horizontal. Man ‚schmückt‘ ein Objekt, wie z. B. den ‚Baum‘.
c) Das Üben und Probieren:
   Durch das Spielen übt man, ‚wie klingt es‘, ‚wie schnell kann
   ich spielen‘, ‚welchen Impuls braucht dieses Instrument‘,
   ‚sind die blauen oder die Gummiklöppel passend‘, ‚richtig‘,
   d. h. drücken sie das aus, was ich will. ‚wie laut kann ich werden‘, ‚wie leise‘ . . .
d) Das Nachahmen, das Rollenspiel:
   Für Kinder ist ein Klang in den seltensten Fällen objektiv, er
   wird befrachtet mit einer Idee. Vorsicht, nicht die eigene Idee
   interpretieren!

Wir sehen, daß unsere akustischen und nonakustischen Instrumente (Objekte) ganz in diese kulturvergleichenden Untersu-
chungen einrasten, daß diese elementaren Musikobjekte aber
auch so eingesetzt werden sollen, bzw. keine bestimmte Funktion per se haben. Keinesfalls sollte der kindlichen Phantasie
oder Interpretation widersprochen werden.

**Beispiele:** So waren einem damals fast 4jährigen Mädchen − mit einem
psychischen Anfallsleiden behaftet, das sich bis zur Gänze besserte −
die Triangeln, die Schellen, die Glöckchen, aufgehängt am Ständer, Sachen zum Verkaufen. Sie waren gelbe Rüben oder Milch usw. Für uns
merkwürdig, daß z. B. die erste gelbe Rübe ein Triangel war, die zweite
aber eine Glocke. Diesem Kind konnte entscheidend geholfen werden
durch vollkommen unstrukturiertes Verhalten, dem allmählich Vorstellungen, Anweisungen des Therapeuten beigemischt werden konnten
− zu ihrer Hilfe in der Annahme fremder Meinungen − in vorsichtiger
Dosis. Die eine Stunde in der Woche veränderte sie positiv, die Mutter
sagte, „sie ist 3 − 4 Tage nach der Stunde gelöst und unproblematisch."

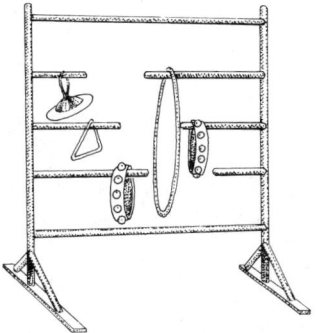

Bei einem 12jährigen Mädchen mit leichter Parese und einigen Aus-
fällen im kognitiven Bereich, waren die Klöppel Personen. Sie unter-
schied genau welcher Klöppel der Arzt, welcher die Mutter, welcher das
Baby, welcher die Kinderschwester war. Sie korrigierte mich sofort,
wenn ich, die manchmal mitspielen bzw. antworten sollte, den blauen
Klöppel, der der Arzt war, mit der Mutter verwechselte usw. Hier war
definitive Zuordnung.

Welchen „Ernst" Spielen bedeuten kann, sollte ich bei Wulf erfahren: Er war ein erheblich verhaltensgestörterBub, 6 Jahre alt,

vor allem verbal aggressiv, Pflegekind, der Adoption stand nur die Zustimmung der leiblichen Mutter noch entgegen – er malte! Er war normal begabt, zum akustischen Spielen wenig bereit, seine Emotionslage unstabil. Hier im Malen nun war er intensiv dabei. Wie malte er? Mit einem weichen weißen Paukenklöppel tauchte er in ein farbiges Tuch (wir haben kleine Tücher in vielen Farben) und malte so auf die Trommel, imaginär. Plötzlich der Ausbruch „Schei... ich hab ja kein Wasser". Ich war gerade dabei zu sagen, du weißt, wo das Wasser ist, da sagte er, indem er einen bunten Topf nahm, „so, da ist Wasser, jetzt gehts" und er nahm „Wasser" und „Farbe" und strich damit die Wand, „Vorsicht, es tropft", sagte er und malte senkrechte, gerade Striche.

Oder: In der Gruppe achtjähriger Buben wurde – vom Therapeuten indiziert –, der Klöppel zur Kerze, die man ausbläst, das Spiel zu beenden; s. Zeichnung S. 23, Klöppel stehen am Rand eines Stabspiels. (Mit *einem* Puster, war meine Vorstellung.) Nicht so Rasso: er blies und blies und die Kerze ging nicht aus, er rannte mit seiner imaginär brennenden Kerze im Raum umher, alle schrien mit. Er „sie brennt immer noch, Feuerlöscher, Hilfe" usw., schließlich gelang es ihm, die Flamme zu erdrücken.

## 44

**Spontaneität,** ein Begriff, etwas aus eigenem Impuls zu tun. Sie schließt ein, daß man etwas im rechten, im ungünstigen oder falschen Moment tut. Spontaneität ist von sich aus nur bedingt günstig.

### Musiktherapeutische Sicht:

Spontaneität ist je nachdem zu fördern, zu lösen, oder einzudämmen. Verhaltensgestörte mit hohem IQ haben Schwierigkeit ihre (meist gute) Idee zurückzuhalten, stören dadurch (in der Schule), reagieren in Konsequenz heftig, wenn sie nicht durchkommen. In der Therapie sollte man sie durchkommen lassen, versuchen sie einzudämmen, ihnen deutlich zu machen, daß sie schnell sind, richtig sind, kapiert haben, aber jetzt eine „Zwischenschaltung" machen sollten. Als Hilfe: das Nicht-tun, die Wartezeit, interessant machen. z. B. in einem Rhythmus einige Schläge auslassen, oder gerade die Pausen lautlich darstellen und dies gemeinsam. Dies ist in der Gruppe verbindend, gleicher Rhythmus durch Augenkontakt! Ebenso einen Vers innerlich sprechen, nur gewisse Worte laut, z. B. „Morgen, morgen, nur nicht HEUTE, sagen alle faulen LEUTE", dabei vielleicht herum-

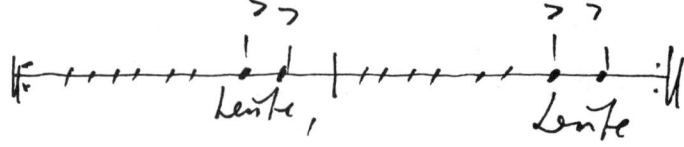

gehen, und ab- und zu diese Worte ausstoßen. Kommt es zu Abweichungen dabei, können diese interessant sein. Oder: Am Boden sprungbereit hocken, aufspringen beim ersten Geräusch aus

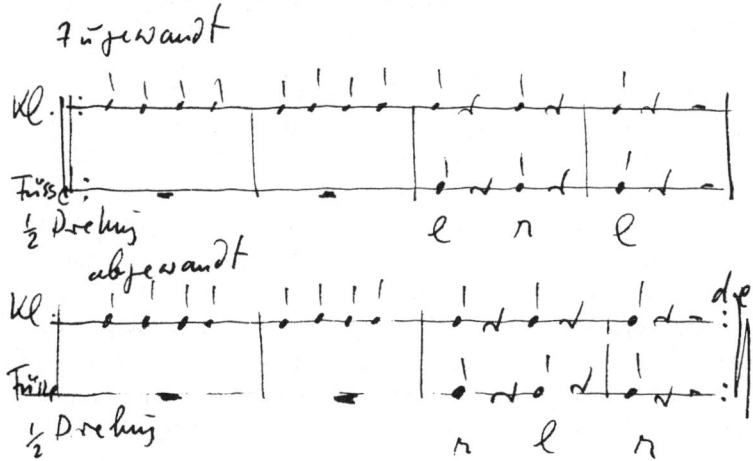

der Umgebung. Oder: Reifen drehen bis zum Ende, es sollte sich aber mindestens einer (oder 2, 3, je nach Regel) drehen. Gesamtverantwortung!

Oder am Instrument: Jeder entscheidet sich für ein Klangsignum, mit dem er gerufen wird, er ruft dann einen nächsten mit dessen Signum.

Von Kindern werden meist signifikante Zeichen gefunden (im Gegensatz zu Erwachsenen!)

a) räumlich gefunden, die Endpunkte

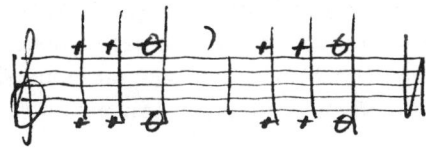

b) kleine Melodie

c) viele Töne, hin und her

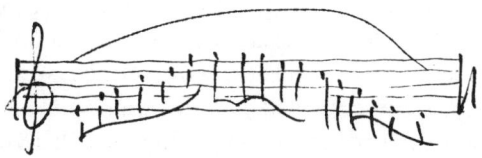

63

d) ein Ton, schnell wiederholt, usw.

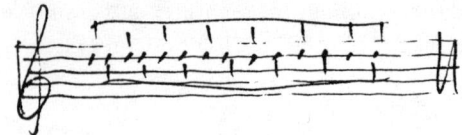

Vom „Anzünden" wurde schon gesprochen (bei 39). Hierbei ergibt sich eine gute Beobachtungsmöglichkeit wie der Einzelne spielt: Ob er die vorangegangene Art aufgreift, oder im contra dazuspielt, oder unbeeinflußt vom Vorherigen spielt.

Zu wenig an Spontaneität hat meist der geistig Behinderte, man muß sie herauslocken. Oft hat er sie auch in einer absurden Art. So Fabian, scheu und schüchtern und unaktiv, wenn er sich durchtraute, dann mit merkwürdigen Geistergeschichten, groben Riesen usw. Er wurde laut und autoritär und verschreckte die anderen. Erste Reaktion von mir: ihn abzulenken. Dann aber ließ ich ihn zwei oder dreimal seine Idee ausspielen, wir klatschten dann auch am Schluß — wenn ein Schluß kam! — und er war befriedigt. Es ist der gleiche Bub, der die überlange Regel gab (40).

Durch Spontaneität kann sich ein Kind verraten, so das blinde Mädchen (vgl. Nr. 16), sie sah den Vogel und sagte es! Die 14jährige Alma, die nicht spricht, überrascht durch plötzliche Einwürfe von gut rhythmisch gesprochenem „aha", „soso". Es

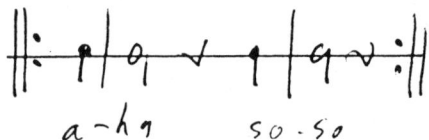

ist jeweils erfrischend und nie unpassend. Aber ihr spontanes Handgeben, unmotiviert, mit einem freundlichen Lächeln gekoppelt, ist eine Schutz„masche", sie entkommt der Aufforderung und kommt damit gut und bequem durch, unterlassene Forderung fördert sie aber nicht.


# 45

**Entscheidung,** quasi der Zustand einer geistigen Grenze: hierhin, dorthin; ja, nein; allein, mit dir; usw. Eine Wahl meist zwischen zwei Richtungen.

**Musiktherapeutische Sicht:**

Der Entscheidungszustand ergibt sich aus den Struktur-Komponenten, wie Raum, Zeit, Material, Zusammensein. Entscheidung kann gefordert werden: wo spiele ich, wann spiele ich, mit welchem Instrument spiele ich, mit wem spiele ich. Die Entscheidung fällt schwer bei zu viel Wollen oder bei Garnichtwollen, also den überaktiven, wie den unaktiven Kindern. Entscheidung ist ein Schritt zur Bewältigung eines Komplexes, auch seiner Selbst. Entscheidung ist wie ein potenzierter Impuls. Sie darf deshalb nicht zu früh gefordert werden, da sie bis zum gewissen Grad impulshemmend werden kann. Die Entscheidung kann vom Therapeuten gefragt werden, sie kann aber auch von einem selbst gefordert werden. Jede Formgestaltung braucht Entscheidung.

Trotz oder gerade wegen der eben ausgesprochenen, mitenthaltenen Hemmung sollte sie in der Therapie von Anfang an eingebracht werden. Im Sinne einer spielerischen Provokation: ‚ich oder du‘? ‚laut oder leise‘? ‚jetzt oder dann‘? Dies setzt von Anfang an Grenzen und damit Bewußtsein, auch bei schwerer geistiger Behinderung. Auch beim Mongoloiden, der so gern bei einer Tätigkeit verharrt, die dann in Perseveration ausarten kann. Ist Kontrast von Anfang an dabei, gewöhnt sich das Kind daran, ja erwartet ihn.

Aber wie bei allen therapeutischen Vorgehen kann keine absolut gültige Regel gegeben werden. Ein zu früh eingesetztes Kontrastmoment kann die eben begonnene und liebgewordene Betätigung abrupt unterbrechen. Auch hier, wie immer in der Therapie entscheidet die Dosis, das ‚Wie- und Wann‘.

# 46

**Angst**, Klangassoziation mit „eng", Häufung von 4 Konsonanten (vergleichen!), Zustand des Zusammenschnürens, des nicht frei Atmens, der Bedrängnis, der Unsicherheit. Angst kann plötzlich auftreten bei Gefahr, einer Situation, die man nicht beherrscht, sie kann ein Dauerzustand werden, entstanden aus einem Ereignis, das nun übertragen wird. Ein ängstliches Wesen hat scheinbar ohne besonderen Grund Angst. Angstfreies Wesen kann in gefährliche Zustände führen, wenn Gespür für Gefahr fehlt, oder für Zustände, die man nicht mehr beherrscht.

**Musiktherapeutische Sicht:**
Beide Zustände, Angst und Angstfreiheit, treten in der Therapie auf, als der Ängstliche und der gegen Gefahr Uneinsichtige. Der erstere überwiegt. Fast jedes Kind hat ‚Angst‘ vor der ersten Therapiestunde. Es ist wichtig, diese sozusagen in der ersten Minute abzubauen. Nicht verbal, nicht mit lieben Blicken, sondern mit einem wohlwollenden Sichzurücknehmen, als ‚große Person‘ — aber niemals sich bücken ohne Grund. — Den Raum überlassen, die Objekte überlassen, leichte Aufforderung durch zufälliges Tun: Berühren einer Trommel, Laufenlassen einer Kugel durch den Kugelturm, gestische Aufforderung. Man muß das Kind gewinnen.

Andererseits die Unängstlichen, die Direkten, die hereinstürmen, sich der Sachen bemächtigen: Man kann sie nur durch eine gesunde Autorität gewinnen, durch Dasein, man bestätigt ein solches Kind durch das Wohlwollen, das man ihm entgegenbringt. Durch das Wirkenlassen dieser kindlichen Person auf sich, durch das Annehmen, gewinnt man Einsicht, um dann sekundär durch Eingreifen, durch Bestätigen, auch durch ein überraschendes Contra die Therapie in den Griff zu bekommen.

**Beispiele:** Ich habe 2 Fälle, in denen die betreffenden Buben ihre Angst ‚ausgerannt‘ sind. Jeweils um die in der Mitte stehende Pauke und diese anspielend. Der erste, an den ich denke, etwa 6 Jahre, tat dies nur rein motorisch, er äußerte sich nicht, er war nur wild. Um diese Zeit hätte ich ihn intellektuell gering begabt einschätzen müssen. Er sollte mich, nachdem er diese Phase hinter sich gebracht hat, überraschen durch sensible Assoziationsgedanken, beachtliches memoria und eigenwillige Gedanken. Er wurde in seiner Entwicklung ganz unauffällig, d. h. nicht mehr therapiebedürftig.

Der andere, ca. 7 Jahre, sprach seine Angst aus. Im Umherlaufen assoziierte er dies, mit ‚immer tiefer-in-den-Wald-hineinlaufen‘, ‚noch keine Angst‘ rief er atemlos, nun war er bei der Hexe, immer wurde grausam gebraten usw. Einmal aber sagte er: „heute gibts was ganz Feines bei der Hexe." Auf meine Frage hin antwortete er: „Kartoffelbrei mit Rührei." An dem Tag war die Hexe lieb. Sein fortissimo Spielen auf der Pauke reduzierte sich und normalisierte sich. Er saß jetzt, nahm die Gitarre und sang selbstgemachte Moritaten. Es passierten seltsame Dinge. Eine einfache Begleitung — mit einem Griff — unterstützte seine gesungenen Vorstellungen. Es war meist eine 4teilige Form.

Aus Erfahrung wissen wir, daß Kinder sich oft gegensätzlich zu ihrem eigenen Wesen verhalten. Das ängstliche Kind, oft starr vor Angst, fiebert innerlich zum Tun, traut sich aber nicht. Das überlaute Kind, scheinbar angstfrei, verbirgt seinen ängstlichen Grundton und gebärdet sich laut. Ihm fehlt das Vertrauen, sich unaktiv, leise, zurückhaltend verhalten zu können. In einem Verhalten offener Wahrnehmung wird es dem Therapeuten gelingen, gemäß dem ISO plus einem evtl. Überraschungsmoment zum Kind vorzudringen. Das Geheimnis der Therapie liegt in der Dosis, der Menge, der Art der Gabe.

# 47

**Vertrauen**, im Verhältnis zur Angst ein Zustand, der sich während eines Zusammenseins in der Therapie bildet, kaum mitgebracht werden kann. (Als Wort ist Vertrauen eines der wenigen deutschen Wörter mit günstiger Vorsilbe ‚ver‘).

### Musiktherapeutische Sicht:
Das Anliegen des Therapeuten ist es, das Vertrauen herzustellen, aufzubauen, ohne Anbiederung, Überfreundlichkeit, oder

Unterforderung. Vertrauen äußert sich zuerst im Blickkontakt, im Lächeln. Vertrauen entwickelt sich auch durch den Zustand eines Raumes: mit dem, was darinnen ist, was für mich da ist, was ich handhaben kann, was für mich gespielt wird. ‚Du bist da, du bist angenommen, es ist für dich da, jetzt in dieser Stunde‘. Unausgesprochen steht dies im Raum. Vertrauen wächst aus Sicherheit: Geborgenheit setzt voraus, daß ich Gleiches, Ähnliches wiedererwarten kann. Es bleibt, ich kann daran denken, wenn ich wiederkomme ist es wieder da. cf. cantus-memoria, meditatio.

*Durch Geborgenheit wird Spielen möglich.*

*A. Portmann*

Die Umgebung, (einschließlich der Therapeut,) die Gegenstände, die Klänge, alles was hier möglich ist, das Zuständliche einer Therapiesituation bildet Vertrauen. Dieses hier gewonnene Vertrauen kann mitgenommen werden. Sicherlich ist es, wie alles was wir ‚haben‘, der Gefahr des Genommenwerdens ausgesetzt. Aber bisher ist das innerlich Gewonnene, der innere Besitz noch das, was am ehesten, am längsten erhalten bleibt. Diesen Wert sollten wir einem Kind geben können. Das Kind nimmt aus einer Stunde des Zusammenseins etwas mit, es „behält“ es. Etwas behalten steht für lernen. So ist letztlich das Vertrauen die Grundlage allen Lernens, allen innerlich Behaltens.

# 48

**Distanz**, räumlich und zeitlich möglich. Dem Begriff Intervall ähnlich, unter dem man aber meist mehrere regelmäßige Abstände begreift, während die Distanz mehr eine Konstanz eines Abstandes zwischen Gegenständen und Personen ist.

**Musiktherapeutische Sicht:**

Die Distanz ist ein wichtig zu wertendes therapeutisches Moment. Sie kann vom Kind zuviel oder zuwenig entgegengebracht werden. Das Objekt, das Instrument ist ein ausgleichender Faktor in der zwischenmenschlichen Therapiebeziehung. *Dem Instrument kommt die Aufgabe zu, Kommunikation herzustellen, ebenso wie die nötige Distanz.* Je mehr ich mich mit einem Instrument verbinde und identifiziere, desto mehr distanziere ich mich vorläufig innerlich vom Nächsten, um ihn allerdings aus dieser Verbindung heraus zu erreichen. Das Instrument ist dann fast in der Funktion einer Läuterung einer Beziehung, das allzu Nahe, Direkte „Ungewaschene“ wie man im Bayerischen sagt, fällt weg. So ist es wichtig, daß ein nach außen sich abrupt, heftig, unsozial Gebärdender zu einem Instrument eine Beziehung gewinnen kann. Der Vorsichtige, Leise im Verhalten, wird sich seinen Eigenschaften gemäß auch erst distanziert dem Instrument nähern, gewinnt er aber dazu Vertrauen, wird er hier oft eher „sprechen“ als verbal. *Blickkontakt überbrückt Distanz.*

# V. Raum – Zeit

## 49

**Raum:** vom Wort her aufnehmend wie ‚Baum' und ‚Traum'; man kann diese Worte nicht kurz sprechen.

Raum hat Raum und Grenzen dadurch, ja besteht durch Grenzen. Eine Wiese, vom Wald umsäumt, gibt Raumbewußtsein. Ein Zimmer, ein Haus gibt durch seine Grenzen Raum, um zu leben und sich zu fühlen.

### Musiktherapeutische Sicht:

Der Therapieraum sollte ansprechend, geordnet und animierend, nicht zu voll sein. Zweck und Schmuck. Der Raum ist das, was wieder erwartet wird, er ist einer der Komponenten der Struktur im unstrukturierten Vorgehen.

Der Raum wird durch das Geschehen erfüllt. In einem gewissen Zeitraum spielt sich das Geschehen ab. Der Raum reichert sich durch das Geschehen in ihm an. Er sollte konstant sein.

## 50

**Grenze,** ein Raumbegriff, eine Scheide von hier und dort, von innen und außen, von bekannt zu unbekannt, von nah zu fremd. Eine Grenze kann, soll, kann nicht überschritten werden. Grenzen sind notwendig zur Ordnung, zur Sonderung, zu jeder Konstruktion, sei es in der Zeit, im Raum. Jeder Körper ist eine Begrenzung.

### Musiktherapeutische Sicht:

Wir stoßen dauernd auf „Grenzen", ja die Grenzen sind oft der Einweisungsgrund: Grenzen in der Entwicklung, Grenzen im visuellen Bereich, im akustischen, im sensorischen, im sozialen. Diese Grenzen sollten erweitert werden, grenzenloses Abschweifen aber zurückgeholt werden. Die Instrumente in sich sind ‚begrenzt': Die Trommelfläche ist mit einem Rand abgeschlossen, die tönenden Holzstäbe eines Xylofons haben einen Kasten als Grenze, das Becken aber ist ein bis zum Rand tönendes Metall.

Das Kind, wie wir sagen ‚außer Rand und Band', also nicht gehalten, findet im Instrumentarium Möglichkeiten zur Begrenzung, findet Flächen, um sich auszudrücken, Flächen, die seine Ideen aufnehmen. Daß diese Flächen tönen, ist ihr Phänomen.

Eine Verlockung, bei der Begrenzung zu bleiben. Für das extrem andere Kind, verschlossen, depriviert, unaktiv, bedeuten die Flächen ein Wagnis, sich weg von sich zu bewegen, weg von seinen Stereotypien, von den Grenzen des eigenen Körpers, von den engen Bewegungen. Von den Perzeptionswinkeln von nur ca. 60° bis zu einer Erweiterung von reichlich nach links und nach rechts, auch nach oben, Raumerfahrung durch ein tönendes Becken, dem man nachschaut, das man anfassen möchte. *Das Phänomen der Resonanz als Stimulanz zum Tun.*

# 51

**Zeit**, als Zustand daseiend, aber sich ständig verändernd. Eines der Geheimnisse in unserem Leben. Meßbar und nicht meßbar.

### Musiktherapeutische Sicht:

Therapiezeit ist meßbar, vorentscheidbar: zwischen 30 und 60 Minuten, selten darunter. Auch ein Überschreiten der Zeit sollte vermieden werden — bis auf wenige Ausnahmen — da eine zugemessene Zeit auch etwas von Kostbarkeit enthält. Trotzdem ist die therapeutische Zeit chronologisch nicht meßbar, sie ist ein Zustand (wie im Spiel), sie kann verkürzt oder verlängert empfunden werden, beides positiv gemeint. Die verbrachte Zeit wirkt nach und bildet → memoria, als gestaltete Zeit bekommt sie Kontur und kann dadurch erinnert werden. Der Therapeut projiziert quasi die Zeit des therapeutischen Zusammenseins in seiner Vorarbeit voraus. Dabei verwendet er auch die vergangene Zeit mit. Diese Gedanken beeinflussen dann das reale Geschehen. Die Vorarbeit für die gemeinsam zu verbringende Zeit kann aber auch nur in einem Darandenken und vorsichtigem Abtasten der auf uns zukommenden Zeit geschehen. Dies vor allem, wenn wir aktiv-initiative Kinder erwarten.

# 52

**Zeitgefühl**, individuell empfundene Länge einer verbrachten Zeit.

### Musiktherapeutische Sicht:

Zeit sollte in der Musiktherapie als angenehm empfunden werden. Gut gemischt mit Langsamem, Schnellem, Ruhigem und Lebhaftem. Da man den Kindern Initiative überläßt, kann ein Ablauf anders als erwartet ablaufen. Die ‚Befindlichkeit', ein Strukturelement in einem Zusammensein, spielt mit. Generell kann nicht gesagt werden, daß ein ruhiger Ablauf zu bevorzugen sei.

Grundsätzlich verlängert Melodisches das Zeitgefühl. Wenn man jemanden unvorbereitet fragt, wielange ist dieses oder dieses musikalische Thema und singt oder spielt es vor, wird sich der Gefragte, wenn er es sich nicht auch schon einmal bewußt gemacht hat, immer täuschen. Beträchtlich länger wird er die Melodie einschätzen. Wenn man weiß, daß es hier nur um Sekunden geht, kann man sich vorstellen, wie schwer es wäre, eine Stunde nur mit Melodischem zu füllen.

Als Beispiel mehrere Kinderlieder:

| | |
|---|---|
| Hänschen klein | = 16 sec. |
| Ein Männlein steht im Walde | = 16 sec. |
| Schlaf, Kindlein schlaf | = 12 sec. |
| Kuckuck, Kuckuck rufts aus dem Wald | = 12 sec. |
| Es war eine Mutter | = 8 sec. |
| Alle meine Entchen | = 12 sec. |

Sechzehn Sekunden ist ungefähr die Länge von viermal Ein- und Ausatmen. Alle gemessenen Melodien sind in einem nicht schnellen, aber natürlichem Tempo gemessen.

Ähnlich ist es mit Themen aus der Musikliteratur, z. B. Mozart's C Dur Sonate KV. 545, die sogenannte facile. Das Thema (die ersten 4 Takte) ruhig gespielt, also themengerecht, sind 8 sec. lang – und sie eröffnen eine ganze Sonate. Das Thema der kleinen Nachtmusik (4 Takte) sogar nur 6 sec. In diesen 8 oder 6 Sekunden ist man ‚in‘. Meiner Meinung nach ist erfüllte Zeit auch viel länger als ungefüllte Zeit. Für mich sind erlebte Stunden länger, „verfliegen" mir nicht. (Es gibt gegenteilige Meinungen).

Ein nicht objektives Zeitgefühl haben wir auch genüber einer Melodie, die einmal unverziert, einmal verziert und ausgeschmückt gespielt wird. Wir fallen hier einer ähnlichen Täuschung zum Opfer wie Kinder, (die wir deshalb meist belächeln) und die Piaget uns nahegebracht hat: Geteiltes wird mehr empfunden, als ein Ganzes. Ein Stück Schokolade ungeteilt wird als weniger empfunden als das gleiche Stück in vielleicht 8 Teile geteilt.

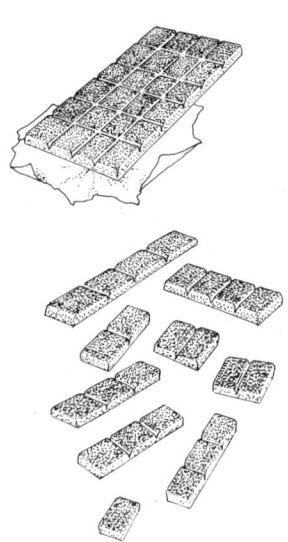

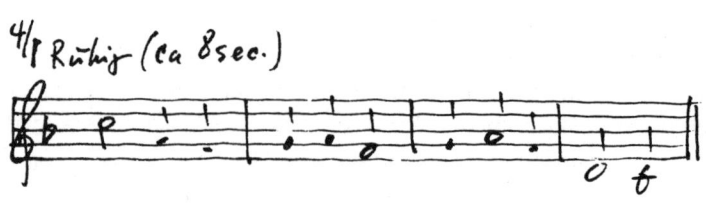

Einige Instrumente geben ein ruhiges Zeitgefühl, einige ein acceleriertes. Die langtönenden Instrumente, wie Metallofon, Becken, Gong, die wenig Anschlag brauchen, können beruhigen, wenn die Disposition schon dazu da ist. Dagegen kurz tönende, kurz resonante, beschleunigen, mehrere Schläge sind notwendig, mehr Technik auch. Wenn der Kugelbaum mit vielen Kugeln gefüllt, ein dichtes Rauschen ergibt, und man sich diesem Gefühl überläßt, wird es den Unruhigen beruhigen, eine Lebendigkeit trifft die andere. Man fühlt sich angesprochen und wird mit Ähnlichem überwältigt. Man kann zuschauen und braucht selbst nichts zu tun → ISO.

# 53

**Wachsen,** zunehmen an Volumen, während eines Zeitablaufes. Wurzelwort ist das indogermanische vaksh, in dem auslautenden „ksh" ist das Verborgene des Wachsens lautmalerisch hörbar! Zunehmen-Abnehmen, eine der großen Antithesen im Leben. Im lateinischen ‚cresco' ist durch die Anfangskonsonanten die Mühe des Wachstums angedeutet. Symbol für Wachstum und Abnehmen ist der Mond, ‚semper crescens et decrescens'.

**Musiktherapeutische Sicht:**

Da Wachsen ein Prozeß von innen nach außen ist, vom Verborgenen zum Sichtbaren, (vom Wurzelkeim zum Baum, vom eingeschlossenen Keim im Ei zur sichtbaren Vogelgestalt), ist es nicht immer meßbar. Wachstum braucht Nahrung von außen, verarbeitet diese Nahrung, ‚einverleibt' sie, d. h. der Leib nimmt zum Bestehenden Neues und verbindet es innigst. Deshalb ist die Qualität der Nahrung wichtig. Das Typische des Kindseins ist das Wachsen. Das normale Kind muß man zum Annehmen kaum zwingen. Die Vorentscheidung der Nahrungsqualität liegt also beim Erwachsenen. Das ‚behinderte' Kind hat Schwierigkeiten im Annehmen des Angebotenen. Es hinkt hinterher. Therapie ist oft Aufholung des unterbrochenen Wachstumsprozesses. Wie oft hören wir: Ja, bis 2 Jahre hat es schon ‚fast alles gesagt'. Dann versiegt die Aufnahmequelle. Quelle ist ja aktiv-wasser-

*Il faut dix ans pour avoir une idée bien à soi.*

*Camus*

spendend, wie rezeptiv-wassersammelnd. Der Grund, die Ursache der Wachstumsverweigerung, z. B. im Sprachlichen, ist unklar. Wir müssen da wieder anfangen, wo das Kind sich dem Wachstum versperrt hat. Normale Sprachaufnahme wurde verweigert, der Wortschatz verkümmert. Vorsichtige Dosierung von Lauten, prärhythmischen und rhythmischen Impulsen, mögen hier helfen. Körperliches und seelisches Wachstum gehen eng zusammen. Fünfjährige sehen aus wie Zweijährige. Sie sind, um im Lautmalerischen zu bleiben, beim ‚va'stehen geblieben, das geheimnisvolle ‚ksh' ist abgestorben. Vorsichtig muß es wiedergewonnen werden.

## 54

**Das Neue,** meist als begehrenswerter Zustand gewertet. Neue Möglichkeit, Zurücklassen von Altem, vielleicht Ungelöstem. Mit neu verbindet man einen Zustand von Unschuld, von Reinheit.

### Musiktherapeutische Sicht:

Extreme Verhaltensweisen treten auf: nur Neues wollen, nichts Neues wollen. Angst vor Neuem: wer ist da, wo ist es, was soll ich tun? Unbekümmertheit vor Neuem: Hier ist es wie überall, ich lasse mich nicht beeindrucken, ich mache, was ich immer schon gemacht habe! Im ersten Fall Angst vor Verantwortung dem Neuen gegenüber, im zweiten Fall kaum Verantwortungsgefühl. Im optimalen Fall wirkt das Neue reinigend und entlastend, Schmutz, Kruste und Ballast fällt ab. Man überläßt sich einem neuen Zustand. Dieser sollte einem entgegenkommen in relativer Ordnung und Schönheit, mit Objekten, die reizen, sie zu behandeln und sich mit ihnen zu befassen, sie mit anderen auszuprobieren.

## 55

**Die Leere,** Gegensatz zu Fülle, von daher erst meist negativ gebraucht. ‚Ausgeleert', es ist nichts mehr da. Sich ‚leermachen' ist ein alter religiös-philosophischer Rat. In Leeres kann etwas dringen.

### Musiktherapeutische Sicht:

Es gilt vor allem für den Therapeuten, sich leer zu machen, d. h. ganz offen zu sein, selbst nichts zu wollen, als *da* sein. In diesen Leerraum wagt sich das Kind hinein, es kann eintreten, es entwickelt sein Vertrauen. Man stößt sich nicht in einem leeren Raum, man kann sich frei bewegen, einen Gegenstand hineinstellen, wo er einen nicht stört, oder wo man ihn haben will.

Für Aggressive ist ein leerer Raum eine Herausforderung, aber auch Hilfe. Leer hat eine Affinität zu Immateriellem, zu Geistigem. Man ist in der Leere gefordert. Es gilt: in der Leere sich erst etwas vorzustellen, um es dann hinzustellen.

In gewissem Sinn ist ein Vergleich möglich zwischen Schlüssel und Schloß, Leere und Fülle. Wenn wir erst meinten, der Schlüssel steht für den Therapeuten, da er das Kind in seinen Möglichkeiten aufschließen soll, so steht das Kind nun für die Fülle. (Auch negative Fülle.) All die Möglichkeiten der Behinderung, der Aggressivität, das Vollsein mit Negativem, Belastendem, es kann geleert, ausgeleert werden in die Leere, die Offenheit des Therapeuten. Er nimmt es auf, auf ihn kann man es werfen. Wir fragen oft, ist es die Musik, die therapiert, sind es die Objekte, ist es der Therapeut? Der Therapeut ist es, wenn er der leere Therapeut ist, der aufnehmen kann. Aber er muß ein zweites Gesicht haben. Oder um ein besseres Bild zu gebrauchen: im Innersten der Leere des Therapeuten ist ein Drehpunkt. In der Quellfassung dieses Sammelbeckens ‚Leere‘ ist eine Energie, die, wenn es nötig ist, als Quelle fungieren kann. In einem oft unerwarteten Impuls, überraschend, schnell und kräftig kann eine Reaktion auf das Aufgenommene erfolgen. Dieser ‚Leergang‘ des Therapeuten reinigt sozusagen die Reaktion des Therapeuten, macht seine Reaktion eben zu einer therapeutischen. Je weiter gefaßt dieses Sammelbecken „Leere“ in einem Therapeuten ist – und er kann es durch Bemühen erweitern –, um so „therapeutischer“ kann er therapieren, um so hilfreicher (wenn auch nicht immer gleich evident) wird seine Therapie sein.

# 56

**Ökonomie-Sparsamkeit**, das bewußte Hergeben oder Behalten von einem Gut, das man hat, das man bekommt. Das kluge Verwalten, das dosierte Abgeben.

**Musiktherapeutische Sicht:**

In der Therapie ist das dosierte Anbieten ein wichtiger Faktor: Das Nichtvergeuden von Material, das Wenden und Drehen, aus dem Wenigen die Fülle machen.

Die Verbalwurzel von ‚sparen‘ ist ‚spo‘, und bedeutet Erfolg haben. Im Sanskrit sphirá = viel, reichlich, ebenso spha = schwellen, wachsen, gedeihen. In dem Bild ‚sparen‘ ist das Enge, das ‚Füllen in einen Beutel‘ mitenthalten. Dieser volle Beutel gibt einem dann Gelegenheit auszuteilen.

Das Wenige macht reich, wenn ich es „drehe und wende“. Das gilt für den ganzen multisensorischen Bereich. Auch das Untereinander-Auswechseln einer Gestalt in einen anderen Bereich: Vom Akustischen ins Gestische, vom Rhythmus in die Bewegung, von einem Vers in eine entsprechende Melodie usw.. Ein einfacher Rhythmus kann mit Silben wie „tschim, tschim, tschim" unterlegt werden. Durch Austausch der Vokale wird er jeweils anders, er wird „zweifarbig, dreifarbig."

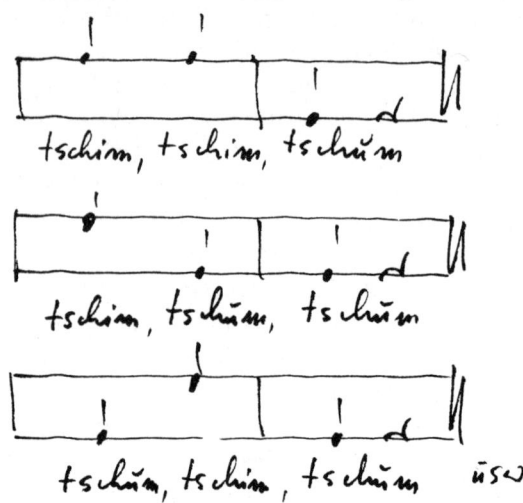

Dies kann man gestisch unterstützen, ja durch die Geste kann man erraten, welche Vokale jetzt gemeint sind. Man kann durch die vokalische Unterscheidung, die auch eine Höhenunterscheidung bedeutet, 2 Trommeln finden, die dem entsprechen. Beim Unterschieben von mehreren Vokalunterschieden in diesem kleinen Rhythmus, (wir haben das ‚a' ausgespart) bekommt man 3 Klangebenen. Man kann die Unterschiede auch melodisch deuten, z. B. auf einem Xylofon. Hier kann man Vielfalt mit wenig Mitteln demonstrieren (bei Kindern, die dies begreifen können.) Hörgeschädigte können die Zuordnung der Vokale zu Höhen und Tiefen anders empfinden, wie das Beispiel zeigt. Darum befragt, antwortete Berndt: „Das „Bamm" ist näher als das „Bimm" und das „Bumm" ist weit weg".

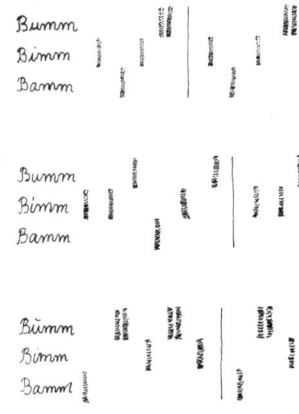

Das wenige ‚drehen und wenden' fällt einem begabten Kind nicht schwer, da es Imagination hat. Verhaltensgestörte sind meist dazu begabt, während das geistig behinderte Kind erst dahin gebracht werden muß. Dies beginnt mit der ersten Gestalt: Tun-Nichttun, = spielen, nichtspielen, sichbewegen, sich nichtbewegen usw. Später: „einen Ton du" (oder mehrere) − „einen Ton ich", „einen Ton hier, einen Ton da", usw. Die Variation ist im Thema enthalten, das Thema ist meist einfach, kurz, ökonomisch, birgt aber „durch drehen und wenden" Fülle. *Nur durch Ökonomie kommt man zur Gestalt.*

# 57

**Fülle**, ist ein Endzustand von Haben, von Sammeln. Fülle bedeutet voll, Übervolles fließt über, soll überfließen. Aus der Fülle leben, bedeutet abgeben und wieder einfüllen. Zustand des Vertrauens. Dieser Zustand bildet sich durch sammeln, ‚sparen‘.

**Musiktherapeutische Sicht:**

Die Fülle wird einem überhaupt erst aus dem Wenigen bewußt. Wenn das Wenige schon viel ist, viel sein kann, wieviel mehr dann all das, was wir noch haben an Objektes, die auf uns warten! Fülle, schlecht gebraucht, führt zu Chaos. Die Fülle wird nicht bewältigt.

In einer Stunde von Verhaltensgestörten 6jährigen mit leichter geistiger Behinderung, kam die Idee auf, nachdem die Kinder in ihren Reifen saßen, diesen zu füllen, zu schmücken. Jeder suchte sich im Raum, was ihm gut schien: größere Gegenstände, wie Trommeln, Glocken, aber auch all die kleinen: Schellen, Kreiseln, Pferdchen, Vögel usw. Es gab keinen Streit. Jeder ging zielbewußt auf etwas zu, nahm das, was noch da war. Ergebnis: 4 wunderbar, individuell gestaltete „Gärten“, die dann zum Klingen gebracht wurden, erst einzeln, es ergab sich dann aber auch Zusammenklang. Letztes Wort der Kinder: alles so stehen lassen!

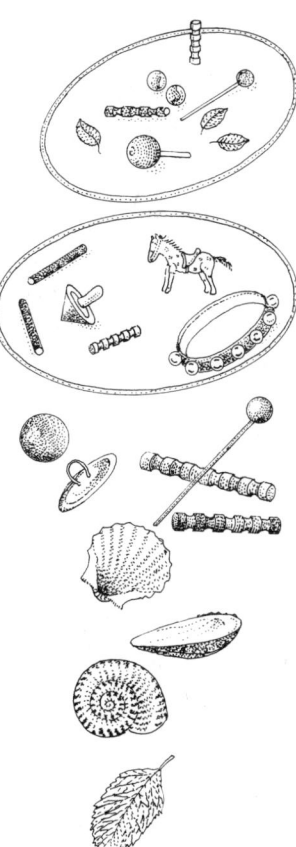

# 58

**Die Umgebung,** kann eigengewählt, aber auch vorgegeben sein.

**Musiktherapeutische Sicht:**

Die Umgebung ist einer der Konstanten innerhalb eines unstrukturierten (therapeutischen) Vorgehens. Es ist der Raum, in dem wir uns treffen. In den wenigsten Fällen haben wir ihn aussuchen können. Wir müssen ihn annehmen in seiner Größe, in seiner Lage (zum Verkehr z. B.), auch innerhalb eines Hauses. Fragen daraus: wieweit hört man uns, können wir wirklich laut sein?

Für mich sollte der Raum überschaubar sein, angenehm geordnet. Verschiedene Klöppel gesondert in verschiedenen Körben, ebenso das kleine Material wie Schellen, Hölzchen getrennt in handwerklich guten Behältern. Vielleicht ein großer Korb mit Allerlei, zum Suchen, zum Probieren. Ein Ständer zum Hängen ist viel wert, er ist auch ein Ort der Begegnung im Gegenüber. Der Raum sollte Bewegung erlauben können. Die Mitte ist frei, d. h. auch frei zur Disposition. Ein paar Instrumente in der Mitte haben Aufforderungscharakter. Wir können diese „Mitte“ auch asymmetrisch halten, sie wird Mitte durch uns. Vorbereitende Gedanken des Therapeuten ‚an welchem Platz sollte diese Aktivität sein‘, können entscheidend helfen.

Im Beginn einer therapeutischen Arbeit wird man eher ängstlich sein, wenn zuviel zur Disposition ist, z. B. wenn keine Schränke vorhanden sind – in Erwartung, alles wird gleichzeitig benutzt. (Dies ist allerdings am wenigsten erstrebenswert, es unterbindet das Gestaltbedürfnis.) Der Raum sollte eine geordnete relative Fülle haben, die ebenso zum Tun, wie zum Schauen reizt, aber nicht überreizt.

# VI. Sprache

## 59

**Sprache**, kommt zum Ausdruck im Sprechen, im Schreiben, im Denken und ist mehr als Sprechen, Schreiben, Denken. Sprache gehört zum Leben wie Bewegung, ja *ist* innere, manifeste Bewegung. Man kann sich auch ohne Sprache verstehen und mit viel Worten mißverstehen. Ein Wort kann mehr sein wie ein langer Satz, ein Seufzer ist schon Ausdruck. Dinge, seien sie naturbedingt oder gefertigt, haben auch ihre Sprache. Man sagt, ‚das spricht mich an'. Man ist sprachlos vor Staunen, Glück oder Schmerz.

*Die Sprache ist das Haus des Seins. In ihrer Behausung wohnt der Mensch.*

*Martin Heidegger*

*Jedes Begegnen verwirklicht sich im Dialog.*

*F. J. J. Buytendijk*

**Musiktherapeutische Sicht:**

Wir bezeichnen heute oft Musiktherapie als Form der nonverbalen Sprache. Dies ist sie sicherlich. In der Erwachsenentherapie aber auch nicht ausschließlich, eine verbale Aufarbeitung des in Tönen Gesagten soll sich anschließen. In der Musiktherapie mit Kindern ist Sprache ein wichtiger Teil, und zwar nicht erklärende Sprache, ‚paß mal auf, das machen wir so', ‚willst du wirklich nicht spielen'! Sondern Sprache, oft rhythmisch gewandet, schon ‚erhobene'. (Aber nicht geschraubt deswegen, nicht unbedingt in Rhythmus gezwungen.)

*Es gibt eine Sprache über allen Sprachen, die keiner Worte bedarf.*

*C. J. Burkhardt*

*(... der Dialog ...) vielleicht nur ein Seufzer, ein kurzes schnelles Einatmen, ein kaum vernehmbares Brummen oder ein Anhalten der Atembewegung."*

*F. J. Buytendijk*

**Beispiel:** Beim Hereinkommen einer Gruppe, (3 – 4 Kinder vielleicht) die zögernd hereinkommt, kann der Therapeut, wie von ungefähr singen: „Wir kommen schon, wir kommen schon, wir sind schon da", bis wir auf den vorbereiteten Teppichflecken sitzen. Vielleicht liegt je ein Paar Hölzchen auf den Flecken in nonverbaler Aufforderung. Nun, ohne zu sprechen, nimmt der Therapeut seine Hölzchen und beginnt. Vielleicht kommt ihm ein Kind zuvor, – es beginnt therapeutisches Geschehen, das einmal imitatorisch, einmal ganz individuell, einmal rondomäßig, einmal nur im Legen der Hölzchen in einem Muster sinnvoll sein kann.

Verbale Begriffe, die in der Stunde entstehen, können wichtig werden. So fiel in einer Gruppe mit 3 verhaltensgestörten, normal begabten Buben das Wort ‚Hintergrund'. Einer spielte nämlich leise das Baßmetallofon mit und zwar noch außerhalb, in einer Ecke, in einem Moment, als S. allein spielen wollte. Der Therapeut, (wie von ungefähr kommentierend): ‚L. spielt im Hintergrund mit'. Dies einmal leicht hingeworfene Wort, zur Entschuldigung eigentlich, wurde dann von S. aufgenommen, er sagte: „Mach du" – er meinte den Therapeuten – „Vordergrund, ich spiel den Hintergrund". Er hatte nun von sich aus das Wort Vordergrund ergänzt und die beiden Worte mit laut und leise assoziiert. Dies konnte nun Bestandteil von zukünftigen Aufforderungen werden.

**Ein anderes Beispiel:** Eine selbsterfundene Melodie von nur 4 Tönen, entstanden durch ein „verwirrtes Instrument", war Anlaß. Ein solches

Instrument wird „verwirrt", wenn man die Klangstäbe, sagen wir eines Xylofons – die man vorher herausgenommen hat – willkürlich wieder einordnet. Spielt man sie dann wie eine Tonleiter ab, ergeben sich Kombinationen, die überraschen. Thomas blieb bei 4 Tönen ‚hängen'. Er

wiederholte sie immer wieder und sagte dann: ‚Das ist der Abend'. Die nächste Stunde suchte er wieder seinen „Abend". Er war genauso begeistert und meinte, „Wenn wir es nicht verwirrt hätten, hätten wir es nie gefunden". Ein halbes Jahr später erinnerte er sich noch spontan – bei einem zufälligen Telefongespräch, er war nicht mehr in der Therapie – „Weißt du noch, der Abend!?" –
So tief können Worte sich einprägen.

## 60

**Reim,** eine klangliche Übereinstimmung zweier Worte, die oft auch sinngemäß zusammenpassen. Auf all die möglichen Reimarten sei hier nicht eingegangen. cf. OMT S. 43 Dante: Divina Commedia.

**Musiktherapeutische Sicht:**

   Das Verständnis für Reim ist ein diagnostisches Kriterium. Schwer geistig behinderte Kinder finden von sich aus nicht den Reim, er liegt ihnen nicht ‚auf der Zunge'. Sie können aber zum Reimverständnis gebracht werden, und man hat damit zur Lockerheit im Geistigen beigetragen. *Die Klangassoziation bereichert.* Mit dem Reim steht die Sprache sozusagen auf zwei Füßen. Auch ist der Reim aufmerksamkeitsfördernd. Das verhaltensgestörte Kind hingegen, kann ein übertriebenes Verhältnis zum Reim haben, eine ‚Reimeritis', (meist mit 7 – 8 Jahren). Sie isoliert das Kind und ist sicherlich aus einer gewissen Isolation entstanden: das Kind spinnt sich darin ein, spricht contradialogisch. Hat es aber einen gleichgesinnten Partner, ist dies sozial günstig. In einer Gruppe kann der Therapeut, indem er auf die Reimeritis eines Einzelnen eingeht und die anderen dazu stimuliert, diesem zur Selbstbestätigung helfen. Dadurch kann er diesen Zwang verlieren.

## 61

**Konsonant,** die Konsonanten sind zusammen mit den Vokalen Bestandteile der Sprache. Die Vokale wohnen sozusagen in den Konsonanten, werden von ihnen begrenzt, oder tönen aus: Baum – Bau, Raum – rauh. Der Konsonant ist ein aktiver Laut und gibt die Kontur einer Sprache. Es gibt Sprachen in denen das Konsonantische überwiegt, (bzw. das Vokalische) was zu vielen Gedanken anregen kann. Im Deutschen haben wir auch einen „Wortleib", in den man jeweils ein „Herz" einsetzen kann: z. B. lEben, lAben, lIeben, lOben. Man kann auch hier, wie im Reim, eine Übereinstimmung in der Aussage finden..

## Musiktherapeutische Sicht:

In der OMT wird der Phonetik in der Sprache, beeinflußt durch den Wert der Sprache im Orff-Schulwerk, ein großer Raum eingeräumt. Gemäß dem → ISO viel Konsonantisches mit Verhaltensgestörten, dabei überbetonen! (c. OMT S. 39–44). Vokalisches mit scheuen, ängstlichen Kindern, mit blinden Kindern vom Vokalischen zum Konsonantischen vordringen. Dies bewältigte ein blindes Kind selbst: Antonia sagte als erstes Wort tonlos „amalgafei", später, als sie offener war, rhythmisch sich auf den Trommeln ausdrückte „ssamala, ssamala erm" und der Therapeut ergänzte „ssamala, ssamala, zerm". Sie verstand und war begeistert. Sie entwickelte sich zum ganz normal sprechenden Kind.

Ein von mir als autistisch eingeschätzter Bub, der nicht sprach, brachte als erstes Wort, (da er sie liebte) das Wort KETTE, es klang aber bei ihm wie KTT, er verschluckte die Vokale ... Ebenso ein englisch sprechender Autist, er sagte CK für CAKE (Kuchen).

## 62

**Vokale**, die tönenden Glieder der Sprache, das Ausruhen innerhalb des Flusses einer Sprache. Die Unterschiede innerhalb dieser Töne geben der Sprache ihre Wellen, ihre Elastizität, ihre Höhen und Tiefen. Die vokalischen Tonhöhen reizen innerhalb des Sprachflusses das akustische Empfinden, sie geben, um im Begriff des Flusses zu bleiben, das Gefälle. In diesem Bild sind die Konsonanten die Begrenzung des Flusses, seine Ufer.

## Musiktherapeutische Sicht:

Je nach Behinderung kann es nun wichtig sein, Vokalisches oder Konsonantisches zu fördern, mit den entsprechenden akustischen Instrumenten unterstützt. Vokalisch in dem Sinn sind die langtönenden Klänge des Metallofons, des Glockenspiels, eines Gongs, eines Beckens. Die kurztönenden, dadurch Wiederholung fordernde Klänge der Holztöne, Xylofone, Holztrommeln, mit kurzer Resonanz, zur aktiven Bewegung reizend, sind dem konsonantischen Phänomen zuzuordnen. Dazwischen stehen die Töne durch Schlagen auf gespanntes Fell erzeugt, die je nach Anschlag und Menge dem Konsonantischen wie dem Vokalischen zugehören können. Mit solchen Aktivitäten kann man einen neuen Impuls zur Sprache − bei normal Sprechfähigen − geben und ein evtl. schulisches Defizit auffüllen.

Sicherlich kann man nicht jeden Klang in diese schwarz-weiß oder 1:1 Reihung unterbringen, aber man kann sich fragen, wohin mehr dieser oder jener Ton gehört, z. B. ein Ton durch Stein erzeugt, oder Glas, oder Muscheln oder durch gespannte Fäden oder Saiten.

Ein stark verhaltensgestörter Bub war fasziniert, als er durch Anschlagen von einem Marmorstein einen Ton erzeugte. Immer wieder spielte er ihn an, hier faßte er Fuß zum Klang und er fragte mich: ‚Wie kommt der Ton da hinein!'

# 63

**Mutismus**, Sprechverweigerung, partiell (nur außerhalb des Hauses z. B.) oder total, (weder zuhause noch außerhalb) vorkommend.

### Musiktherapeutische Sicht:

Beim Mutisten kommt auf ein Erlebnis hin keine sprachliche Reaktion. Fragen werden ignoriert und das Kind findet auch nicht selbst den Anstoß zu einer Äußerung. Um sosein zu können, d. h. nicht aus der Rolle zu fallen, gibt sich der Mutist teilnahmslos und vermeidet jegliches Engagement, das ihn emotional treffen könnte. Meist bewegt sich ein Mutist gut. Schweift im Raum, vermeidet Blickkontakt, verweigert Aufforderungsbefolgung. Trotzdem ist es gut, ihm Angebote zu machen, Instrumente ohne zwingenden Aufforderungscharakter aufzustellen, den Mutisten sozusagen energetisch aufzuladen, sein Interesse, ja seine Neugierde zu wecken, bis er es wagt, wohl besser, bis er von innen heraus gezwungen wird, etwas zu tun, etwas zu berühren. Der Therapeut wird hier und da etwas anspielen, mehr rhythmisch wie melodisch, jedoch sollte er das Melodische nicht aussparen. Der Mutist spart es aus. Er wird, wie gesagt, schließlich von innen heraus gedrängt, wie von ungefähr etwas anzuspielen, meist Holzartiges, Stuhlbeine, den Tisch, den Fußboden, er wagt sich nicht z. B. an langklingende Metallofone. Er gibt sich dem Klang nicht hin, denn jede emotionale Hingabe würde ihn drängen, sich mehr zu äußern.

**Beispiel:** So verhielt sich Birgit, ein 6jähriges Mädchen. Nach einem Zusammensein dieser Art von einigen Wochen überraschte sie mit folgendem Satz: „Des is die Mitte". Ja, es war die Mitte eines Xylofons, vor dem sie stand und auf dem sie den mittleren Ton kurz anspielte. Einstiegswort! Obwohl sie es fast unverständlich leise gesagt hatte, fast wie zur Probe, sollte dieses Wort zur Wende werden. „Dann können wir die Mitte herausnehmen, schau jetzt haben wir ‚hier und da'"! (Der Therapeut spielte das sich links ergebende c–a und das rechts liegende höhere c–a an.) Man hatte Treffpunkte, sie ging etwas darauf ein. Das nächste Mal konnte dieses Flächenspielen eine Aufforderung werden: „oder nur den mittleren Ton anspielen!" „wo ist der mittlere Ton bei diesem Metallofon"? wie von ungefähr Aufforderungen, eigentlich, als bedeuteten sie auch für den Therapeuten Entdeckungen: ‚wir beide' finden den mittleren Ton auch hier! Ohne penetrant zu werden, länger an diesem Einstiegsspalt bleiben, ihn „drehen und wenden", ökonomisch, da wir ja vorläufig auch nichts anderes haben. Sie entwickelte sich, wenn auch nicht ‚regelmäßig' fortschreitend, doch so, daß nach einigen Stunden viel Sprachliches sich offenbarte. „Wann ist wieder Musiktherapie?" fragte sie tadellos, wenn sie mich in der klinischen Station traf. Sie konnte normal eingeschult werden.

Auch Sybille, ein ausgesprochen hübsches Mädchen von 7 Jahren, schweift im Raum, vermeidet jeden Blickkontakt, hat ihre Hände vollgeladen mit 2 Zwergen. Sie ‚kann' also gar nichts berühren. Der Therapeut dreht schließlich die Pauke. „Leg deine Puppen drauf, wir fahren Karussell". Dies reizte sie, sie legte die Dinger drauf. Wir drehten die Pauke, sie spielte sie dabei etwas an, ihre Mimik hellte sich auf. Neben der indifferenten Mimik ist manchmal eine sehr beschäftigte Mimik zu sehen, Stirnfalten bilden sich, als würde sie angestrengt über etwas nachdenken. Ein absolutes Abwehrverhalten, ‚stör mich nicht'. Sie saß dann auch am Xylofon, gegenüber, und spielte mit, ‚da wo ich bin', ‚da wo ich nicht bin' und hielt es ein bißchen aus. Plötzlich singt sie das schon oft gehörte „Ich bin da, du bist da" und ergänzt „wackawackawa, wackawawa". Eine spielerische, rhythmische Ergänzung, die aus ihrer Verfassung kam. Damit steht sie auf, sie hat ja nun etwas geleistet. Man spürt trotzdem, in dem neuerlichen Umhergehen, daß sie wieder aufgefordert werden will.

# 64

**Echolalie**, man wiederholt die gleichen Worte, die eigenen, die des anderen. Es kommt zu keinem ‚Hin und Her' der Sprache. Es ist wie auf der Stelle treten.

### Musiktherapeutische Sicht:

Oft begegnet man der Echolalie beim blinden Kind. Hier ist sie sozusagen natürlich, das blinde Kind bestätigt sich und das Gesagte in der Wiederholung. Spielerisch kann diese bis zu 5 mal hintereinander auftreten. Da dem blinden Kind die Affirmation, die Bestätigung des Gesagten durch Blickkontakt, durch Anschauen des Gegenüber, fehlt, braucht es die Echolalie zur Kompensation. Wenn Echolalie auftritt, hat das Kind noch nicht die Kraft der Rede-Gegenrede. Man halte also beim blinden Kind die Echolalie aus und treibe sie dem Kind nicht aus. Man stelle eine negative Prognose nicht zu früh. Zur rechten Zeit wird das blinde Kind diesen Wiederholungszwang abstreifen und direkt antworten können. Ja, es kann der Moment kommen, wo das blinde Kind den Therapeuten zwingt, ihm zu echolalieren, d. h.

ihm zu bestätigen. Dieser Moment ist wie ein Triumph für das Kind.

**Beispiel:** Ich erlebte diesen ganzen Prozeß mit der blinden Antonia, die anfänglich überhaupt nicht, dann geflüstert, schließlich verständlich laut sprach, aber mit diesen Wiederholungen. „Des is a Klöppel, des is a Klöppel, des is a weicha Klöppel, des is a weicha Klöppel". Auf die Frage des Therapeuten „magst ein Klöppel" wird geantwortet, „magst an Klöppel" usw. Ich ließ das Kind in dieser sprachlichen Beharrung, ohne damals zu wissen, wie positiv dieses Verhalten sich lösen würde.

Kommt es bei einem geistig behinderten Kind zur Echolalie, so bedeutet dies immerhin, daß Sprache zumindest phonetisch aufgenommen wurde. Vielleicht wird sie nur phonetisch wiederholt. Aber durch die Wiederholungen kann sie schließlich einverleibt werden, bis zum Verständnis des Wortes. Wenn nur ein Wort vom Kind wiederholend gesprochen wird, vermeide man als Therapeut auch im Einwortsatz zu sprechen, man bleibe beim Satz. Es wird meist das letzte Wort wiederholt, z. B. „Magst ein'n Ball" − „Ball", „Magst ein Ball haben" − schließlich wird kommen „Ball haben". Man kann fast sagen, Sätze bauen sich bei solchen Kindern von hinten auf.

# 65

**Ja-sagen, Nein-sagen,** affirmativ-zustimmende, oder negativ abweisende Reaktion. In den wenigsten Fällen Spontanreaktion, keine wirklich gegenwärtige Meinung oder Stimmung.

**Musiktherapeutische Sicht:**
Ja-sagen tritt auf bei Kindern, die nicht auffallen wollen, keinen Widerstand wollen, keine eigene Meinung haben oder sich zu ihr nicht durchtrauen. Nein-sagen ist ein Abwehrverhalten, ein Schonverhalten, ähnlich wie beim Ja-sagen, aber negativer. Das Nein-sagen wie das Ja-sagen ist ein eingefahrener Mechanismus, die Einstellung des ‚ich-kann-nicht, ich-will-nicht'. Dies kann sein aus Angst, aus Bequemlichkeit, aus einem negativen Sozialverhalten heraus. Im ersten Fall: Widerstand auslösen, die Ursachen des Ja-sage-verhaltens erspüren, im zweiten Fall: peripher auffordern, das Interesse wecken, indirektes Vorgehen, bis es zum ersten ‚Ja' kommt, beobachten wann und wobei dies geschieht.
Ebenso wichtig ist es, wann ein ‚nein' bei einem Ja-sager kommt. Unsinnfragen stellen, wenn Sprachverständnis da ist. Fragen stellen, wo ‚nein' die einzig richtige Antwort wäre. „Schneit es heute?" „Ja," „Scheint die Sonne?" „Ja," − „Nein!" Bis zur Heiterkeit kommen! Die Ja-sager sind oft auch körperlich unsicher, trauen sich gestisch wenig zu, haben die

Hände eng am Körper. So war es bei der 14jährigen Paula. In gehauchter Sprache immer das ‚ja‘, passend oder nicht. Schwingende, tänzerische, lockere Bewegungsübungen, bildlich unterstützt, halfen. Ein links-rechts deuten, gegenüberstehen, aushalten, − nicht spiegelbildlich, sondern ‚mein links‘, ‚mein rechts‘ − daß der andere gerade in die andere Richtung zeigt und beide richtig dabei sind, halfen zum eigenen Standort. Zuhause zeigte Paula aggressives Verhalten, sie versuchte sich immer mit ihrer Meinung durchzusetzen; in fremder Umgebung, auch in der Schule dieses unbestimmt-affirmative Verhalten, bei innerlich anderer Einstellung. Bei ihr durchweg enges Spiel am Instru-

ment, in Sekundintervallen, es wurde ein weites Spiel motiviert, auch lautes Spiel. Es kam bei ihr nur bis zum mezzoforte. Das Ja-sagen kam in einer sehr hohen Stimme, die sich allmählich senkte, es kamen (auf Aufforderung) Spielideen von ihr dazu, und sie wurde zusehendst heiterer. Wie zugeschnürt wieder bei einer Hospitation, die man ihr zumutete, wie ein letztes Rinnsal von Sprache kam dann ein ‚nein‘ oder ein anderes Wort.

# VII. Kommunikation

## 66

*Play implies interplay, there must be give and take.*

*Marshall McLuhan*

**Kommunikation**, das Miteinanderteilhaben. Im Wort steckt verborgen das lateinische munus. Es bedeutet Aufgabe, Pflicht, aber auch Geschenk, Gabe. Nicht ohne Mühe und Geben kommt man in den Zustand der Kommunikation.

**Musiktherapeutische Sicht:**

Kommunikation, zu ihr sollte es in einem Zusammensein kommen. Kommunikation fordert, den anderen anzuhören, fordert ein gegenseitiges Nehmen und Geben. Dies ist auch im Spiel gefordert. So können wir im Spiel Kommunikation erfahren, üben. Es ist ein zu erwerbender Zustand, der einem nicht in den Schoß fällt.

## 67

**Iso-(Gesetz)**, leitet sich ab vom griechischen Wort ‚isos' = gleich, derselbe, ähnlich (iso-theos = göttergleich).

**Musiktherapeutische Sicht:**

Im Iso-Sinn behandeln bedeutet für den Therapeuten, dem Kind im gleichen Sinn, so wie es sich darstellt, sich verhält, begegnen. Keinen Gegensatz zu seinem Verhalten einbringen, obwohl das Verhalten ‚gestört' ist, bzw. für das normale Verhalten auffällig. Das Iso-Verhalten des Therapeuten kann dem Kind gegenüber ein neutrales Verhalten setzen, aber nicht eines in der entgegengesetzten Art. Z. B. einem sich laut gebärdenden Kind nichts Leises anbieten, einem Schüchternen nichts aufdrängen, nicht sich und keine Aktivität. Dies kann der Therapeut aus dem Vertrauen heraus tun, daß durch die Therapie Auswüchse negativer Art selbst erkannt werden und das Kind sie schließlich überwindet. Der Therapeut ist aber sehr gegenwärtig!

Die Medizin hat einen ähnlichen Stand mit dem Begriff homöopathisch: man gibt in entsprechender Dosis Mengen eines Stoffes, der die Krankheit verursacht hat, man behandelt im gleichen Sinn, fast könnte man dies provokativ nennen. Allopathische Medizin wendet Medizin in einem für die Krankheit ‚fremden' Stoff an.

Bereits die Griechen wandten Musiktherapie gezielt ‚homöopatisch', bzw. ‚allopatisch' an. Plato schildert poetisch die Einschlafszene bei

Kleinkindern: die Überwältigung der inneren Bewegung durch äußere Bewegung, also im gleichen Sinn.

Schlaflieder aus dem Volkstum, nicht Kunstlieder, sind deshalb meist bewegt. In unserem bekannten „Schlaf, Kindlein, schlaf," kommen nach dem suggestiven ‚a-Laut' (Schlaaf Kindlein schlaaf) die lebendigen Konsonanten: *schütteln, B*äumelein, *fällt*, „Die Mutter schüttelt's Bäumelein, da fällt herab ein Träumelein," alles in Achtelbewegung, vergl. Nr. 52, Länge der Melodien.

*... um sie in den Schlaf zu bringen, wenden sie (die Ammen) nicht das Mittel der Ruhe bei ihnen an, sondern im Gegenteil das Mittel der Bewegung, schaukeln sie immerfort in ihren Armen, schweigen dabei nicht, nein, sie trällern ein Liedchen und musizieren die Kinder geradezu ein.*

*Plato, Gesetze*

Es wurde bereits im Text verschiedentlich auf ISO aufmerksam gemacht, doch hier noch zwei Beispiele:

Gegen Ende einer Behandlungsstunde – es war die neunte –, kommt ein von mir als autistisch eingestufter Bub, 5 Jahre, in ein massives Schreiverhalten (er ist klein und sieht aus wie ein Zweijähriger, hat Sprachverständnis, spricht aber nicht, hat kaum Objektverständnis, immer mit ‚security toys' beladen). Ab und zu nun Laute, Tendenz sich lautlich auszudrücken, als erstes verständliches Wort neulich ‚haben'. ‚Haben' als ‚Ichforderung'?

Er hatte in der Stunde mitgemacht: hatte die Leier berührt, die Kugeln in der Trommel bewegt, hatte sich hingelegt, um zuzuhören – seine Lage bei großem Wohlsein, – Mimik war gut, er war friedlich und für seine Beurteilung aktiv. Er sieht den Kasettenrekorder, der von der letzten Stunde, wo aufgenommen wurde, noch dasteht, und kommt in eine Panik. Denkt er an seinen Rekorder zuhause, die Assoziation zu diesem Verhalten bleibt mir unklar. (Es ist die zweite Paniksituation: In der Stunde vorher kam er in große Aufregung, als ihm bewußt wurde, daß meine Ketten ‚offen' sind. Er hatte sie vorher oft behandelt, ja sie waren ihm Einstiegsobjekt; nun der große Schreck, daß sie nicht ‚zu' sind. Er spricht es fast aus, durch meine Reaktion konnte er sich beruhigen). Er wirft sich nun hin und schreit, gebärdet sich laut und ist im Moment nicht zu beruhigen. Neuer Zustand für mich mit diesem Kind. Da sie gerade greifbar war, nehme ich eine Kinderharfe – leider wird sie wenig eingesetzt, da die Konstruktion die Saiten nicht hält, sie sind zum Teil lasch und verstimmt. Hier war das nun kein Hinderungsgrund, laut spielte ich alle Saiten an, schrie mit ihm und bestärkte sein Schreien. Wie manchmal bei Wetter – totaler Umschwung von finsterem Hagelwetter in Helle und Stille – so bei ihm, er strahlt mich an und meint wohl „Das war genau das Richtige," hört auf zu schreien, beschäftigt sich selbst etwas mit der Harfe, läßt sich in der Aufmerksamkeit etwas verlängern und geht als zufriedenes Kind hinaus. Iso!

**Ein anderes Beispiel:** Ein kluger 9jähriger Bub wird wegen Legasthenie in die Musiktherapie eingewiesen. Er kommt in den Behandlungsraum, setzt sich und schaut vollkommen desinteressiert. Er *ist* es! Diese indifferente abweisende Haltung ist neu für den Therapeuten: Entweder äußern sich Kinder verbal negativ, oder sie lärmen, oder man spürt ihre Angst, im Falle der Mißstimmung, aber dieses Nichts?! Wie ihm begegnen? Der Therapeut stellt sich ebenso ein, stellt ein paar Fragen, neutral klingend, leise, sie werden mit Achselzucken beantwortet. Zwischen uns steht ein Xylofon. Wie um mich selbst zu beschäftigen spiele ich es etwas an und wie von ungefähr frage ich teilnahmslos „Kennst du das?" Achselzucken – ich spiele ein glissando, also rauf und runter am Instrument, wie als Angebot, sage teilnahmslos: „Kannst es auch machen". Tatsächlich, er macht es! Intensiver als mein glissando klingt seines. Ich spreche dies aus. Nun nenne ich dieses glissando ,einen Strich', meine dann, ,man kann auch einen Punkt machen' und spiele einen Ton an. Brav macht er auch einen Punkt, aber ohne Mimik, in seinem Ausdruck steht: ,Wenn's dir Spaß macht, o. k.'.

Ich stehe auf und mache ,Striche' und ,Punkte' auf den umherstehenden Instrumenten, ohne ihn zu beachten, und: Auch er steht auf und spielt Striche und Punkte, intensiv und in der gleichen Menge, wie ich es gemacht hatte, also imitativ, nicht provozierend, aber immer noch ohne mimische Veränderung. Ich spreche wieder aus, daß es sehr gut bei ihm klinge. Es war eine eingeschobene Kurzstunde, am Ende sage ich, „Es geht erst wieder in vierzehn Tagen". Er sagt „Also in zwei Wochen!!" Nach den zwei Wochen kam er mit total veränderter Mimik, fast leuchtend, machte während der Stunde meist abwegige Sachen, wie Klöppel werfen und wieder fangen — dabei benützte er den an der Wand hängenden Spiegel zur Kontrolle — aber er blieb die Stunde über und verabschiedete sich mit den Worten „Wieder in zwei Wochen?" Ich konnte sagen, „Nein, nächste Woche," was er als angenehm empfand. Ich erwarte nun die dritte Stunde.

Wie früher schon bemerkt, vergl. OMT, muß das Kind in der ersten Stunde gewonnen werden. Es muß gehen mit dem Gedanken, ,Ich komm wieder'.

# 68

**Peripher,** nicht zentral, darumherum, am Rande.

### Musiktherapeutische Sicht:

In der Therapie die Art, ein Kind indirekt zu fordern: man peilt es wie absichtslos an, vermeidet den direkten Blick, zwingt zu nichts. Sensible Kinder reagieren auf diese periphere Art, da sie ihnen genügend Freiraum gewährt. Ja, es entsteht ein Sog zum Zentralpunkt hin. Da er ausgespart ist, sucht man ihn. Geistig behinderte Kinder sollte man direkt ansprechen. Auch lauten, wilden Verhaltensgestörten sollte man nicht peripher ausweichen, sondern sich ihnen direkt stellen →Iso.

Ich habe besonders bei Buben beobachtet, daß sie mit dem Instrument „zur Wand" spielen. Abgewandt, mit der Grenze Wand im Blick, fühlen sie sich sicher und spielen ungehemmt. Die Konfrontation im Gegenübersitzen empfinden sie zu direkt.

# 69

**Geduld,** eine „Tugend", dadurch ein Zustand, den wir erwerben, erwerben sollten. Das Aushalten eines Gegenwärtigen, (das als Widerwärtiges, gegen uns Gerichtetes, nicht mit uns Gehendes empfunden wird,) und dem wir nichts Aktives im Augenblick entgegensetzen können.

**Musiktherapeutische Sicht:**

,Geduld' ist nicht nur eine Qualität ,in Zeit' = ich muß es soundsolange aushalten. Sie ist nicht nur passiv gemeint. Geduld kann sich in einem Moment entscheiden müssen. Ist in der Reaktion meines Handelns meine Mimik, mein Ton voller Geduld oder ungeduldig?

So ist der ,Leergang' (→ Leere) in einem Therapeuten gefordert, oft blitzschnell aus dem Gedulds-Reservoir ein helfendes Wort, einen helfenden Ton oder Gedanken herauszubringen, ja herauszuwerfen. Dies ist ein aktiver Vorgang. Geduld in dem Sinn ist nicht nur mitertragen, sondern mittragen, aktiv mithelfen. Wahre Kommunikation braucht Duldung, Geduld, braucht das Tragen der Last des anderen und das Beschenken aus dem eigenen Vermögen. ,Immun' dagegen wäre ein antitherapeutischer Begriff: ,Ich bin nicht tangierbar, nicht ansteckbar, mir kann nichts etwas anhaben'.

# 70

**Verantwortung,** (wieder eines der wenigen nicht negativen Begriffe mit der Vorsilbe ,ver') übernimmt man für einen Menschen, für ein Ding, für eine Sache. Wenn wir den Begriff ,Antwort' ernst nehmen in diesem Wort, dann spürt auch ,das Ding', ,die Sache', wie wir eingestellt sind: wie wir es behandeln, wie wir es ,fragen', damit es ,antworten' kann. Unsere Behandlung ist also immer entscheidend für die Resonanz. Resonanz als Antwort.

**Musiktherapeutische Sicht:**

In jeder therapeutischen Stunde ist Verantwortung gefordert. Vom Therapeuten, daß er sich dem Geschehen stellt, es nicht verstellt. Daß er einer Aufforderung des Kindes *nach*kommt, dieser antwortet. Das Kind sollte Verantwortung spüren und spüren lernen, wie weit es gehen kann. Welche Lautstärke für das ,Ding' unerträglich ist, wieweit man es *mani*pulieren kann. Der Therapeut muß unterscheiden, aus welcher Notwendigkeit heraus ein Kind laut, unerträglich hart spielt. Kann er es verantworten zu stoppen oder wäre dies unverantwortlich? Gegenseitige Toleranz ist notwendig, über sie kommt man zur gesunden Verantwortung.

**Ein Beispiel:** Ein neunjähriges Mädchen, Pflegekind, als geistig behindert eingestuft, spielte die Instrumente laut und hart, so laut und hart, wie bisher niemand vorher, kaum erträglich. Sie bespielte bei ihrem Umgang alle im Raum stehenden Instrumente, 3 Pauken, die große Trommel, 3 Xylofone, 3 Metallofone, 4 Glockenspiele, Holztrommeln, Bongotrommeln, Gong, 2 Becken, pausenlos und hart. Dann nahm sie verschiedene Klöppel mit bei diesem Umgang und entschied, welcher ihr am geeignetsten schien. Schnell, souverän. Sie ging auffallend gut mit erhobenem Kopf, manchmal setzte sie dabei einen Korb auf ihr „Haupt". Der Therapeut meinte in einer der nächsten Stunden, er könne sich umdrehen und raten, welches Instrument sie anspiele. Sie war einverstanden. Sie nahm sich Zeit ihre Instrumente auszuwählen – gewisse Beschränkung bereits! Während dieser Zeit ,beschäftigte' ich mich, den in meiner Ecke stehenden ,Baum' anzuspielen. Ich hörte dann einmal damit auf, was sie sofort wahrnahm und (sehr ruhig) kommentierte „Kannst weiterspielen," fast im Tonfall einer fallenden Quinte.

Zur Kontrolle wiederholte ich das Aufhören, die gleiche ruhige Reaktion. Sie war also fähig, während ihres Herrichtens, was sie mit Worten wie ,das geht', ,geht auch', ,das geht auch' begleitete, indem sie ihre ausgewählten Instrumente zur Probe anspielte. Beim Ratespiel hagelten meist harte Schläge auf die Spielflächen, wie überraschend aber auch leise Anschläge.

Im Verlauf der nächsten Stunden machte sie ihre Vorbereitungszeit spannend – ich durfte nicht hinschauen – und sie richtete ähnliche klingende Instrumente zusammen: eine Fülle leiser und weicher Klänge, die sie dann auch weich und leise vorführte.

Wir haben hier ein lernfähiges Mädchen vor uns, das selbst entscheidet, was es will und wie sie es will. Ihre Stimme, die erst zum Erschrecken tief lag, rauh klang, wurde modulierter, fast weich. Der Einwortsatz wurde verlassen, Sätze kamen, wenn auch oft noch nicht vollständig. Die Mimik des Kindes, anfänglich undurchdringlich, lichtete sich, Lächeln stellte sich ein. Die noch andauernde Behandlung könnte noch weitere Besserungen im Sprachlichen, im Sozialen, in der gesamten Entwicklung ergeben.

# 71

**Not**, onomapoetisch, lautmalerisch deutlich: Das ,No' im Wort wird durch das T gebremst. Nu, nun (lat. nunc) – bis ins Indogermanische zu verfolgen – bleibt vergleichsweise offen.

### Musiktherapeutische Sicht:

Dieser verschlossene Zustand NOT muß aufgebrochen werden. Er wird besonders deutlich im mutistischen und verstärkt im autistischen Verhalten. In diesen abgeschlossenen Zustand muß vorsichtig eingebrochen werden. Bruno Bettelheim, in seinem Werk über Autismus, gibt hierfür den passenden Titel „The empty fortress" (Die leere Festung). Die wirkliche Not stellt sich meist verschlossen dar, man kann nicht sprechen, das Innere ist eng, die Emotion gedrosselt. Das O, symbolisch für Kreis und dadurch schon abgeschlossen, ist bildlich zusammengepreßt, bis fast zu einem Strich, der Ballon ist ohne Luft. Not kann und muß durch Emotion, durch die Wärme des Gefühls aufgebrochen werden. Der unter Not Leidende sträubt sich dagegen.

*Wir können ... annehmen, daß Gefühle die bewegende Kraft sind, die den Dialog in Gang bringen und vorwärts treiben.*

*René Spitz*

In der therapeutischen Situation wird dies deutlich durch Verweigern von Spiel. Besonders werden wohlklingende, resonante, nachtönende Instrumente, wie das Metallofon gemieden. Überhaupt das Intervall, man weicht auf den bloßen Rhythmus aus. Wenn wir bedenken, welche Anstrengung es einen zur Sprache Fähigen kosten muß, nicht zu sprechen, welche Not es sein muß, sich immer zu verschließen, sich immer mehr nach innen zurückzuziehen! Was im Inneren bereits gespeichert ist an Erfahrung, an Erlebnis, wird buchstäblich immer mehr zusammengedrückt. Es ist eine Quelle, die nicht fließt, nicht nach außen abgibt. Wenn wir dieses Bild gelten lassen, dann darf man als Therapeut nun auch nichts mehr hineinstopfen, bevor nicht vom Inneren etwas nach außen dringt. In Verantwortung vor diesem Zustand muß der Therapeut ausharren, bis er einen Moment des Einstiegs findet.

# 72

**Notwendigkeit**, ein Begriff dringender, zwingender Aufforderung. ‚Dies zu tun ist notwendig‘ heißt, es gibt nichts anderes, du kannst dich nicht drücken. Und wenn du dies tust, wendet sich etwas. Oft fällt es schwer, das Notwendige zu tun, da ja irgendwie ‚Not‘ im Spiel ist. Notwendig erinnert an Pflicht, an Tun-Müssen, steht im Gegensatz zu spontanem kreativen Tun. In dem Sinn ist es im Katalog der Therapeutischen Worte provokativ. Die Provokation selbst ist eine therapeutische Notwendigkeit.

**Beispiel:** Ein siebenjähriger Bub, mit starkem Entwicklungsrückstand, guter Wahrnehmungsgabe, aber keiner sprachlichen Äußerung, mit guter, wenn auch meist zu Schau getragener langsamer Bewegungsfähigkeit – schnell nur, wenn er wie gierig etwas wollte – Schokolade – hinderte den Therapeuten, wenn dieser ihm beistehen wollte in Situationen, die er allein nicht bewältigte, aber ausführen wollte. Er hatte starke autistische Züge, ja diese waren seiner Emotion im Wege.

Beim Hereinkommen überzeugte er sich in schnellem ‚Durch‘schauen des Raumes, wo die Ketten lagen und ob sie da seien. Sah er sie, so begann er langsam sein von ihm aufgebautes Spiel-Ritual. Es war folgendes: er nahm die Kugeln des Kugelturms (Murmeln) und teilte die Menge in ungefähr 3 gleiche Teile. Dann holte er die Schläuche (geschwungen ergeben sie bei einer Länge von einem Meter den Ton F, bei stärkerem Schwingen die Terz nach oben, die Quint nach oben, bei schwächerem Schwingen die Quart nach unten). Ein Schwingen war dem bequemen Jungen zu anstrengend. Er füllte langsam und ‚verantwortungsvoll‘ die bereitgestellten Kugeln in die Schläuche. Meist ‚beschäftigte‘ ich mich, indem ich ein Instrument anspielte, dabei bewußt vermied ihn dauernd anzusehen. Er hatte gegen mein Spiel keine Abwehr. Wenn er mit dem Abfüllen fertig war, was bis zu 20 Minuten Zeit in Anspruch nehmen konnte, ging er vorsichtig zum Kugelturm und versuchte die Kugeln im Schlauch durch den Schlauch hindurch in die Kugelbahn zu bringen. Angestrengteste Miene dabei! Es gelang nicht. Meine Hilfe lehnte er mit

Zischen ab, mit der Tendenz mich zu beißen. Mehrere Male ging es in dieser Weise. Bis ich einmal mich gegen diesen Wall und Schwall von Abwehr durchsetzte und ihm die Hand so hielt, daß die Kugeln durchlaufen konnten. Im nächsten, d. h. im selben Moment plötzliche mimische Veränderung: von Unwillen und Abwehr im Ausdruck zu staunendem, hingebendem Zuschauen. Von da ab wollte er es nie mehr allein machen und bat durch Blicke um meine Hilfe.

Die Ketten waren auch für ihn der Einstieg. Er behandelte sie voller Andacht, er zog sie hoch und ließ sie in den Behälter fallen, duldete aber nicht, daß ich sie auch mit anfaßte, knurrend wies er mich ab. Hier formte er sein erstes Wort „K(e)tt(e)". Er verschluckte die „e". Ein weiteres freiwilliges Wort war „nopal" (nochmal) und „Halt". Auch den Reifen wollte er nur allein handhaben und verteidigte sich mit der gleichen aggressiven Abwehr. Als ich mich einmal ‚mit Gewalt' durchsetzte – plötzlicher Abfall seiner Abwehr, wie ‚endlich hast du gewagt, mich einzunehmen'. Von nun an hoben wir zusammen den Reifen, wir zogen ihn vorwärts, rückwärts, schwangen ihn zur Seite usw. Er war nun bereit mit jemandem etwas gemeinsam zu tun, nahm mehrere Worte an und verließ uns nach 3monatiger Therapiezeit in einer gemäßigten Bereitschaft, Hilfen und auch Aufforderungen anzunehmen.

# 73

**Akzeptanz**, das Annehmen, allgemein verstanden als ein passiver Vorgang, etwas in Empfang nehmen. Dahinter steht das lat. Wurzelwort capere, etwas nehmen, auch etwas auswählen. Dahinter steht das griechische Wort kapto, was eigentlich schnappen heißt. Also oral aufnehmen! Wir sagen noch ‚Er hat etwas aufgeschnappt'. Auch ‚Ich kapiere es jetzt'.

## Musiktherapeutische Sicht:

Das Annehmen in doppelter Forderung: Kind nimmt Therapeuten an, Therapeut nimmt Kind an. Die Initiative muß beim Therapeuten sein: Dies bedeutet, daß er keine bestimmte Vorstellung vom Kind mitbringt, daß die Diagnose nicht im Wege steht, daß er sich offen dem Kind „stellt". Er versucht das Kind zu verstehen und da dies oft so schnell nicht gelingen kann, es gewähren zu lassen. Dies bedeutet: mit dem Kind sein, im Gegenübersein, im Nebeneinandersein, im Hintereinandersein. Nicht durch Blickkontakt oder dauerndes ‚liebevolles' Anschauen fordern. Man vermeide überdeutliches Sprechen oder säuselnde Sprechweise.

(Es ist ein Paradox, daß Kinder deutliches Sprechen erwerben bei – natürlich nicht undeutlichem – aber oft peripherem Sprechen des Erwachsenen, ‚wie von ungefähr', wie absichtslos, aber mit vielen Wiederholungen.) Es bedeutet, die Scheu des Kindes, die es natürlich mitbringt, zu akzeptieren. Bringt es sie nicht mit, wie bei der ausgeprägten Distanzlosigkeit, muß eine Barriere, meist in Gegenüberposition aufgebaut werden. Eine ‚ideale Barriere' ist ein Instrument zwischen den beiden.

Vom griechischen Wurzelwort kapto her, sehen wir die wichtige orale Phase, als 1. Phase des ‚Begreifens', mit dem Mund ergreifen.

**Beispiel:** Ein mit einem Degenerationssyndrom belastetes Mädchen (wachstumshemmend, erhebliche geistige Entwicklungsverzögerung, mit 6 Jahren wie 3jährig wirkend), entwickelte deutliche Sprache durch Tun. Im Beginn sagte das Mädchen wohl manchmal ein Wort, aber unverständlich. Durch Tun eines Begriffes, z. B. schlafen (sie wird zugedeckt, sie wird aufgeweckt), sprach sie unvermittelt: mü-de, sie wickelte Klangstäbe in Tücher, ein und aus, und sie sprach: wik-keln. Überdeutlich, dabei strahlend, wenn sie sich so sprechen hört. Annehmen bedeutet hier im Beginn für den Therapeuten, daß man Unverstandenes hinnimmt, ahnt, lächelt. Fragen, wie „Was hast du gesagt?" lassen das Kind verstummen. Eben bei diesem Kind beobachtete ich eine ‚berufene' Person, die das Kind mit ihrem eigenen Blickkontakt ‚fesseln' wollte und überdeutlich-unnatürlich sprach. Das Kind verstummte und wurde still, körperlich sackte es in sich zusammen. Wieder nun mit ‚liebevollem' zwingendem Blick herholen? – Im Beginn fast unfähig zu laufen, wurde sie im Laufe des Jahres darin ganz sicher, machte Ansätze zum Hüpfen. Liebte das Umgehen im Kreis zu einem Signal wie Pauke, das Stehenbleiben auf einem der, den Kreis anzeigenden, Flecken, das Rückwärtsgehen bei dem Signal hierfür. Auch sie selbst machte für uns, die Mutter und mich, die Signale. Dieser Komplex wurde in horizontaler Koordination erarbeitet: a) das Aufmerksammachen auf den Weg, das Gehen von Fleck zu Fleck, b) den Weg im Gesamten zu erfassen, den ganzen Kreis gehen, c) den Weg zu einem Signal gehen, d) zu stehen, wenn nichts mehr tönt, dies bemerken (vc. OMT).

Es ist nicht immer deutlich, inwieweit das Kind den Therapeuten annimmt und dies ist vorerst auch gar nicht wichtig, nicht wichtig zu wissen. „Kommt es wieder?" das sei genug. Auch Fragen wie: „Hat es dir gefallen?", scheinen mir unnötig (es gibt Ausnahmen). Ein starkes Kind kann einen Therapeuten herausfordern. Das Kind möchte sich an ihm bestätigen, sich an ihm messen, möchte es besser können usw. Man sollte da nicht in Konkurrenz treten wollen.

**Beispiel:** Ich hatte einen verhaltensgestörten Buben mit 8 – 9 Jahren, der sich vorerst weigerte, in die Therapie zu kommen, (der Psychologe hatte es angeraten), und dazu noch „zu einer Frau", – und der mimisch-überglücklich aus der ersten Stunde ging, im späteren Verlauf mit allem störte, was ihm nur einfiel und damit eigentlich den Therapeuten dauernd herausforderte, ihn anzunehmen! Am Schluß brachte er mir ein Geschenk, tatsächlich etwas, was ich brauchen konnte, er hatte gesehen, daß ich es nicht hatte!

# 74

**Autorität**, heutzutage ein heikles Wort, oft mißverstanden, benützt hierhin und dorthin. Autorität kann man nicht verleugnen, da sie *ist*. Man kann ein Sein nicht wegnehmen, wenn es da ist.

## Musiktherapeutische Sicht:

Ein Erwachsener ist, sollte eine Autorität sein, (das Kind ist eine andere, auf seine Weise), die sich unterschiedlich verhalten kann, aber da sie da ist, kann sie sich nicht ganz wegnehmen. Es gibt therapeutische Situationen, wo ein Therapeut so gut wie nicht da zu sein hat, sich so zurücknehmen soll, als ob es ihn nicht gäbe. Seine Spannung zum Geschehen (in der Gruppe vor allem) ist sozusagen fast auf Null, aber noch eingeschaltet. Es kann sein, daß das Kind oder die Gruppe ihn im nächsten Moment braucht, ihn aus seinem Leerlauf ‚in Gang‘ bringt, um zu bestätigen, zu schlichten, zu animieren.

Autoritäres Verhalten ist unerträglich und schädlich, wenn es dominant ist. Die selbstverständliche autoritäre Haltung optimal zu erwerben ist die Forderung an den Therapeuten (Pädagogen), für ihn ein life-long-learning Ziel.

## 75

**Therapeut**, der Behandelnde. Die griechische Wortwurzel weist einem den Weg: pflegen, warten, helfen, heilen. ‚Warten‘ hier im Sinne von ‚zur Seite stehen‘, ‚aufwarten‘, was das andere ‚warten‘ = auf etwas warten, einschließt.

### Musiktherapeutische Sicht:

Der Therapeut sollte verschiedene Grundeigenschaften haben, ebenso ruhig wie lebhaft sein, besonnen wie schnell reagierend. Er soll die Begegnung vorbereiten, Anrufe hören, nicht im Weg stehen, förderlich sein, flexibel sein. Auch sensibel aber gleichzeitig unempfindlich, wenn ihn Pfeile treffen wie eine Wurfscheibe. Die Pfeile treffen dann seinen „Panzer“ und dürfen ihn nicht rundum verwunden. Das Getroffensein muß er verarbeiten. Er wird oft mehr ‚getroffen‘ sein vom verwundeten Patienten und auch hier muß er sich wappnen. Wo er anfänglich weinen wollte und sich ihm der Hals zuschnürt vor dem Elend, was er sieht, wird er später das gleiche Gefühl neutraler haben. Er kann sich sozusagen sein Schmerzendes gar nicht leisten, da es niemandem hilft. Ich glaube aber, daß der Anfangszustand, eben das leidende Angerührtsein, nicht fehlen sollte.

Der Therapeut sollte die Achse im Geschehen sein, die das Kind, der Patient, an der Peripherie nicht immer bewußt spüren muß. Dieses fühlt sich aber, auch wenn es ‚weit draußen‘ ist, durch diese Achse zum Mittelpunkt hin gehalten. Es fällt nicht hinaus. Man zieht das Kind nicht nahe zu sich, man hält es ‚axial‘, und wenn dieser Spannungszustand gelingt, dann ist er der wirksamste. Es gibt nähere und weitere Achsen. Der Therapeut sollte immer wissen, daß er nur Mittler ist für etwas: Mittler für die Selbständigkeit eines Wesens, für die Entwicklung von

Interesse, sei es für den anderen, sei es für Objekte. Dann bedarf es nach „Ende" einer Therapie kaum einer Loslösung. Wenn die Achse der Bindung weit ist, kann sie Distanz in Zeit und Raum aushalten, wird es vielleicht eine unvergessene, aber nicht belastende Bindung, bzw. Lösung. Für den Therapeuten darf die Therapie nicht zu seinem eigenen Selbsterfahrungsfeld werden, er darf sich dabei nicht ‚selbst-erleben', die Situation nicht persönlich für sein Erleben benützen. Als Paradox wird gerade durch diese enthaltsame Haltung für ihn ein besonderes Selbsterfahrungserlebnis erwachsen.

# 76

**Cantus-memoria-meditatio**, wörtlich der Gesang, die Erinnerung, die Besinnung cf. OMT S.63 – 65.

### Musiktherapeutische Sicht:

‚Cantus', das Singen, ist nicht nur begrenzt gemeint. Es meint das volle Dasein, das sich in einem Sich-Äußern kundtut. Sei es durch Blick, durch Seufzen, durch Sprechen, durch Bewegung. ‚Ich bin da, jetzt, und es ist gut!' Ein solch erlebter Zustand bleibt und kann mitgenommen werden. Er bildet memoria, den Besitz einer solchen Erlebnis-Stunde. Bildet wiederum meditatio, den Vorgeschmack für das nächste Zusammensein: wenn … dann … Dies wird je nach Vermögen möglich sein. Spätestens wird ein schwergeschädigtes Kind Erinnerung und Wiedertunwollen empfinden, wenn es wieder in den Raum gebracht wird. Vielleicht schon auf dem Fahrtweg dorthin, wie manche Mütter berichten „Wenn wir in ihre Richtung fahren, das merkt er, dann freut er sich".

Im Italienischen hat cantus noch die weitgefaßtere Bedeutung: canta il gallo – es kräht der Hahn, canta il usignolo – es schlägt die Nachtigall, canta la cicala – es zirpt die Grille. Far cantare = jemanden zum Reden bringen, ‚Canta che ti passa' sagt „Es wird schon wieder werden!" (es singt wieder). In der griechischen Tragödie Ödipus, als die verstrickte tragische Wahrheit schon aufscheint, läßt dies den Chorführer sagen: ‚Was soll ich singen?' (Hölderlin). Aussichtslos ist es, wenn man nicht mehr ‚singen' kann. Voller Aussicht ist es, wenn ein Kind zu cantus kommt!

Ein begabter, schwer kommunikationsgestörter 6jähriger Bub sagte bei seinem ersten Betreten des Therapieraumes: „Das ist für mich, hier kann ich singen!" (Im wörtlichen Sinn hat er bisher, es sind 4 Stunden vergangen, noch nicht gesungen!)

Er zeichnete „A mit der Gitarre." (Bild siehe Nr. 5, ‚Faszination'.) Daß er sie in der Stunde nehmen durfte und anspielen durfte –

die anwesende Mutter meinte, „Immer will er eine Gitarre und er kann sie doch nicht spielen!" – daß er es hier „konnte", war ihm ein so starker Eindruck, daß er mir das nächste Mal diese Zeichnung mitbrachte. Farblich ist sie ganz in rot.
Cantus *ist* Zustand in Elevation.

## 77

**Antwort,** ein Wort, das einem entgegenkommt auf ein eigengesagtes. Es kann eine entsprechende Antwort sein, im Sinne des Erstgesagten, es kann eine das Gespräch weiterführende Antwort sein oder eine hemmende, eine abrupte. Immer ist die Möglichkeit der nichterwarteten Antwort eingeschlossen, da dieses Wort von einem ‚anti‘, einem Gegenüber, einem Anderen entgegenkommt.

### Musiktherapeutische Sicht:

Wichtig ist, daß Antwort kommt, sei sie willkommen in der Aussage, oder unangenehm. Therapie bedeutet ja ‚annehmen, helfen, mitgehen‘. So hilft einem die Antwort, das Entgegengesagte weiter für den Therapieverlauf. Therapie ist ja nicht Monolog eines Therapeuten. Dialog schließt anderes ein, das andere muß aufgegriffen werden, verarbeitet werden.

Man muß den Kreis schließen von Wahrnehmung, Isobehandlung, Provokation bis zur Annahme der Antwort. In der Antwort spiegelt sich die Therapie, gipfelt die Therapie.

Antwort ist auf verschiedenen Ebenen und zeitlich verschoben möglich. Antwort kann ein Blick, ein Lächeln, ein Hinneigen, ein Wegdrehen sein. Es kann momentan erfolgen, in einer prompten Rhythmus-Wiedergabe, in einem offenen glissando-Spiel. Die Antwort kann offen bleiben und erst das nächste Mal sich offenbaren, aus Trotz, aus Unvermögen kommt sie unerwartet später.

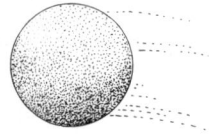

Zur Antwort sollte es kommen, zu einem Hin-und-Her in der Therapie, zu einer spielerischen Antwort, wie ein hingeworfener Ball, zu einer präzisen logischen Antwort vielleicht. Wieder ist es die dauernde Wahrnehmung, so gut sie einem Menschen möglich ist, die die Antwort aufnimmt, einläßt, verarbeitet, wertet.

Da wir in Bewegung sind, und da Leben Bewegung bedeutet, müssen wir uns bereit machen, eigentlich jeden Augenblick zu verantworten, uns jeden Augenblick in unserer Möglichkeit und in unserer Eigenart hinzugeben und zu prüfen, welche Antwort nötig ist: die in Stille, die in Tun, die in Abwarten, die in Fülle, die in Strenge, die in einem Lächeln. Antwort ist Geschenk.

# Stichwortregister

Im Stichwortverzeichnis sind aufgeführt

1. die 77 Begriffe (fettgedruckt)
2. die im Text vorkommenden Behinderungen
3. beschriebene Kinder nach Alter geordnet, altersspezifische Verallgemeinerungen
4. in der Therapie verwendete Instrumente
5. einige zusätzliche Begriffe